# 3D 입체 영상 표현의 기초
### 기본 원리부터 제작 기술까지

## 3D 입체 영상 표현의 기초

Original Japanese edition
3D Rittai Eizou Hyougen no Kiso
by Takashi Kawai, Hiroyuki Morikawa, Keiji Ota and Nobuaki Abe
Copyright ⓒ 2010 by Takashi Kawai, Hiroyuki Morikawa, Keiji Ota and Nobuaki Abe
Published by Ohmsha, Ltd.
This Korean Language edition co-published by Ohmsha, Ltd. and SEONG AN DANG Publishing Co.
Copyright ⓒ 2011 All rights reserved.

이 책은 Ohmsha와 BM성안당의 저작권 협약에 의해 공동 출판된 서적으로,
BM성안당 발행인의 서면 동의 없이는 이 책의 어느 부분도 재제본하거나 재생 시스템을 사용한 복제, 보관, 전기적, 기계적 복사,
DTP의 도움, 녹음 또는 향후 개발될 어떠한 복제 매체를 통해서도 전용할 수 없습니다.

# 3D 입체 영상 표현의 기초

## 기본 원리부터 제작 기술까지

BM 성안당

최근 들어 '3D'와 '입체 영상'이라는 단어를 들을 수 있는 기회가 많이 늘어났습니다. 3D의 활용은 영화와 TV, 게임 등의 분야에서 급속히 증가하여 차세대 영상 미디어로 기대되고 있습니다. 이에 따라 콘텐츠에 대한 관심이 크게 높아지고 있습니다.

현재 3D로 사용하는 기술은 새로운 발견과 발명을 근거로 하지 않는데, 기본 원리는 19세기 중반까지 거슬러 올라갑니다. 이후 3D는 몇 번의 주기적인 붐을 거치면서 현재에 이르고 있으므로 아주 긴 역사를 가진 차세대 영상 미디어라고 할 수 있습니다.

먼 곳에서 벌어지는 상황을 보거나 눈에 보이는 대로 표현하려는 영상 미디어에 대한 욕구는 인간의 본능입니다. 따라서 3D의 주기적인 붐은 3D가 인류의 영원한 꿈 중의 하나라는 것을 시사합니다.

오래되었으면서 새로운 3D라는 영상 미디어를 이용해 어떻게 표현할 것인지, 더 나아가서는 어떤 의사 전달 수단 및 삶의 방식을 전망해 나갈 것인지는 디스플레이 제조업자뿐만 아니라 콘텐츠의 제작자, 유통 사업자, 그리고 사용자도 함께 고민해야 합니다.

이 책에서는 3D에 흥미를 느끼고 있는 학생뿐만 아니라 실제로 콘텐츠의 제작 및 유통에 종사하는 제작자나 사업자 등 광범위한 독자를 대상으로 3D의 기초부터 집필 시점(2010년 8월)까지의 최신 정보를 폭넓게 수집 및 정리했습니다.

3D와 관련된 동향이 활성화되면서 해당 분야에 대한 비슷한 서적이 많이 출간되고 있습니다. 예를 들어 2003년에는 3D 콘텐츠의 제작에 대한 실용 입문서가 출판되었고, 2009년에는 멘디부르(Mendiburu)가 상세하고 실천적인 정보를 망라한 전문서를 간행했습니다. 필자는 다양한 경로로 3D와 관련된 연구 개발 및 콘텐츠 제작을 생각하는 사용자에게 이 책이 공통의 교과서로 자리매김할 수 있기를 바랍니다.

3D는 컴퓨터 그래픽스(CG ; Computer Graphics)의 분야에서 다른 의미로 사용되는 경우도 있습니다. 따라서 해당 분야의 관련 서적에서는 '입체'와 '3D'를 구별해서 사용하기도 합니다. 그러나 이 책에서는 '3D 영화'나 '3D TV'라는 용어를 일반적으로 사용하는 것을 고려하여 화면의 전후에 피사체가 재생하는 '입체 영상'이라는 의미에서 '3D'를 사용했습니다.

'영상(映像)'과 '화상(畵像)'은 위에서 밝힌 선행 서적(1995년)에 따라 사용했습니다. 구체적으로 '영상'은 '콘텐츠'라는 의미에, '화상'은 '물리 자극'이라는 의미에 중점을 두었다고 이해하세요. 단 다른 비슷한 보고서나 논문 등에서는 '입체'와 '3D'를 포함해서 표현 자체를 엄격하게 구별하는 경우가 있다는 것에 주의하세요.

### 참고 문헌

- 카와이 다카시, 다나카미화 저 : 『차세대 미디어 크리에이터 입문 1 – 입체 영상 표현』, CUTT System(2003)
- B. Mendiburu : 3D Movie Making, Focal Press(2009)
- B. Mendiburu 著 : 『3D영상 제작』, Born Digital, Inc.(2009)
- NHK방송기술연구소 편 : 『3차원 영상의 기초』, Ohmsha, Ltd.(1995) (일본 내 발행)

## INTRODUCTION
역자의 말

이 책을 편역하면서 가장 고민했던 것 중 하나는 표현의 정의였습니다. 지금처럼 인터넷이 발달하지 않은 몇 십 년 전에는 의학이나 공학 등과 관련된 새로운 연구는 미국 및 유럽에서 이루어진 후 일본의 학회를 통해 학자 등 전문가에게 알려졌습니다. 그 후 같은 계열의 유학자를 통해 대부분의 일본식 한자가 우리나라에 그대로 소개되어 사용되었습니다.

3D 영상 분야의 경우 일본에서 '텔레비전의 아버지'로 부르는 다카야나기가 Journal of the SMPTE의 1952년 10월호에 실린 '3D 영화의 일반 원리'를 1953년 1월호의 텔레비전학회 월보에 소논문으로 소개했습니다. 이후 3D 영상과 관련된 많은 영어 표현이 일본에서 정의된 후 우리나라로 유입되어 사용되었지만, 전문 용어의 경우 단어 자체가 어려워서 이해하기 힘든 부분이 많습니다. 예를 들어 3D 영상에서 중요한 시각 기능의 하나인 '폭주(輻湊, convergence)'라는 단어는 안구 운동의 일종으로, 두 눈이 한 점을 주시하는 시각 기능을 의미합니다. 일반인에게는 생소한 단어여서 현재 우리나라에서는 '폭주' 대신 '수렴(收斂)'이나 '주시(注視)', 또는 영어의 발음을 그대로 '컨버전스'라고 사용합니다. 3D 영상이 크게 알려지지 않았을 때는 '폭주'를 포함한 여러 가지 단어를 혼재해 사용해도 큰 문제가 없었습니다. 하지만 3D 영상이 차세대 기술로 주목받기 시작하면서 폭넓은 연구가 진행되어 '폭주'와 '초점 조절의 불일치'나 '폭주성 융합', '융합성 폭주', '상대 폭주' 등 새로운 연구 결과와 전문 용어가 등장했습니다. 그 결과, '폭주'라는 단어를 사용하지 않으면 표현이 길어지거나 어색해지는 경우가 생겼습니다.

이 책에서는 '폭주', '기선장', '망막경합', '역입체' 등 한자를 기본으로 하는 전문 용어가 많이 등장합니다. 이런 단어를 번역하면서 확실하게 의미를 전달하는 것을 기본 원칙으로 정했습니다. 예를 들어 '폭주'의 경우 일반 논문 등에서 간혹 '주시(注視, gaze)'로 표현하지만, '주시'는 한쪽 눈만으로도 가능한 동작이기 때문에 두 눈이 주시하는 의미의 '폭주'를 대신하기에는 부족합니다. 이와 같이 일본에서 유입된 단어라는 명목만으로 이것을 배척한다면 의미가 잘못 전달될 수 있습니다. 그러므로 단어의 의미를 정확히 파악한 후 모든 사람들이 정확하게 이해할 수 있는 우리나라 말로 표현해야 합니다. 이런 점을 고려하여 이 책에서 소개하는 단어 및 표현은 우리나라와 일본에서 모두 사용하는 표현 중에서 의미를 정확히 전달할 수 있는 단어를 선정하여 사용했습니다. 또한 영어권 및 일본에서 사용하는 단어를 함께 소개하여 국제학회 및 교류의 장소에서 의사 전달이 가능하도록 구성했습니다. 이 책을 번역하면서 3D 텔레비전이 시판되기까지 대부분의 일본인들도 '폭주'와 같은 전문 용어를 모르고 있었다는 것과 전 세계적으로 3D와 관련된 단어의 경우 다양한 표현을 혼재해서 사용한다는 것을 느꼈습니다. 그만큼 3D가 새로운 분야로 주목을 받으면서 급성장했기 때문에 일반인에게 보급되는 경로, 즉 제대로 된 3D 교육이 부족한 것이 현실입니다. 이런 의미에서 현재 우리나라를 중심으로 이루어지고 있는 용어 및 각종 표준화 작업은 3D와 관련된 표현을 일반인에게 좀 더 알기 쉽게 전달해 줄 것으로 기대됩니다.

역자는 현재 카와이 교수와 함께 3D의 안전 및 쾌적한 표현을 연구하고 있으며, 개인적으로 2D/3D 변환, 3D 영상의 촬영 및 연출 등을 담당하고 있습니다. 이런 상황에서 3D를 연구 및 제작하는 전문인을 양성하기 위한 이론과 실제를 현장감 있게 조화시킨 책이 없다는 것이 항상 아쉬웠습니다. 카와이 교수는 첨단 미디어의 인간공학적 연구의 전문가로, 전 세계적인 광학학회인 SPIE의 Stereoscopic Displays and Application의 위원이면서 논문 심사 및 프로그램을 주관하고 있습니다. 또한 그는 연구뿐만 아니라 그 외 저자들과 함께 3D 콘텐츠의 제작에도 적극적으로 참여하여 풍부한 경험을 지니고 있습니다.

이 책은 저자들의 이론과 실제를 바탕으로 발간한 후 역자가 우리나라의 실정에 맞춰 표현 및 예를 수정하여 편역했습니다. 이에 따라 이 책이 3D에 관심을 가진 모든 이들에게 실질이며 유익한 입문서가 될 것이라고 확신합니다.

김상현

시작하면서 ⋯⋯⋯⋯⋯⋯⋯⋯⋯⋯⋯⋯⋯⋯⋯⋯⋯⋯⋯⋯⋯⋯⋯⋯ 4
역자의 말 ⋯⋯⋯⋯⋯⋯⋯⋯⋯⋯⋯⋯⋯⋯⋯⋯⋯⋯⋯⋯⋯⋯⋯⋯ 5

**서장 소개**

❶ 3D의 역사적 특징과 현재의 상황 ⋯⋯⋯⋯⋯ 19
❷ 3D표현의 사용자 경험 연구 ⋯⋯⋯⋯⋯⋯⋯⋯ 20

**LESSEON 01 시각계가 이용하는 입체정보**

❶ 시각계와 입체 정보 ⋯⋯⋯⋯⋯⋯⋯⋯⋯⋯⋯⋯⋯ 27
❷ 단안 입체 정보 ⋯⋯⋯⋯⋯⋯⋯⋯⋯⋯⋯⋯⋯⋯⋯⋯ 28
　　은폐 ⋯⋯⋯⋯⋯⋯⋯⋯⋯⋯⋯⋯⋯⋯⋯⋯⋯⋯⋯⋯ 28
　　상대적 크기 ⋯⋯⋯⋯⋯⋯⋯⋯⋯⋯⋯⋯⋯⋯⋯⋯ 29
　　상대적 밀도 ⋯⋯⋯⋯⋯⋯⋯⋯⋯⋯⋯⋯⋯⋯⋯⋯ 30
　　시야 안의 높이 ⋯⋯⋯⋯⋯⋯⋯⋯⋯⋯⋯⋯⋯⋯ 30
　　공기 투시 ⋯⋯⋯⋯⋯⋯⋯⋯⋯⋯⋯⋯⋯⋯⋯⋯⋯ 31
　　운동 투시 ⋯⋯⋯⋯⋯⋯⋯⋯⋯⋯⋯⋯⋯⋯⋯⋯⋯ 32
　　초점 조절 ⋯⋯⋯⋯⋯⋯⋯⋯⋯⋯⋯⋯⋯⋯⋯⋯⋯ 33

❸ 양안 입체 정보 ⋯⋯⋯⋯⋯⋯⋯⋯⋯⋯⋯⋯⋯⋯⋯⋯ 35
　　양안시차 ⋯⋯⋯⋯⋯⋯⋯⋯⋯⋯⋯⋯⋯⋯⋯⋯⋯⋯ 36
　　폭주 ⋯⋯⋯⋯⋯⋯⋯⋯⋯⋯⋯⋯⋯⋯⋯⋯⋯⋯⋯⋯ 37

❹ 입체 정보와 유효거리 ⋯⋯⋯⋯⋯⋯⋯⋯⋯⋯⋯⋯ 38

## LESSON 02 — 3D 디스플레이

**1** 스코프식 ······················································ 43
    스트레오스코프 ·········································· 43
    헤드 마운트 디스플레이 ····························· 46

**2** 안경식 ························································ 48
    애너그리프 ················································· 48
    편광 필터 ··················································· 50
    액정 셔터 ··················································· 53

**3** 무안경식 ···················································· 57
    패럴랙스 배리어 ········································ 57
    렌티큘러 ··················································· 60

## LESSON 03 — 3D 콘텐츠 촬영하기

**1** 3D 촬영의 기초 ········································ 65
    3D 촬영의 원리 ········································ 65
    교차법 ······················································· 68
    평행법 ······················································· 71
    3D 촬영의 이론식과 재생 공간 ··············· 73
    촬영 및 제시 조건에서의 3D 공간 변화 ···· 76

**2** 촬영 및 제시 조건으로
발생하는 아티팩트 ·································· 80
    기본 아티팩트 ··········································· 80
    키스톤 왜곡 ··············································· 82
    발산 ··························································· 83
    프레임 바이얼레이션 ································ 84
    인형극장 효과와 카드보드 효과 ·············· 86
    역입체 ······················································· 90

**3** 3D 촬영 시스템 ······································· 91

## CONTENTS

❹ 다양한 3D 촬영 방법 ······ 93
  팬토그램 ······ 93
  하이퍼 스테레오 ······ 95
  하이포 스테레오 ······ 96
  마이크로 입체시 ······ 97

## LESSEON 04
## 2D/3D 변환하기

❶ 2D/3D 변환의 원리 ······ 101

❷ 온라인 2D/3D 변환하기 ······ 102

❸ 오프라인 2D/3D 변환하기 ······ 103
  로토스코프 ······ 103
  뎁스 맵 ······ 105
  모델링 ······ 106
  운동 시차 ······ 107

❹ 2D/3D 변환의 장점 ······ 108
  3D 촬영 시스템의 간략화 ······ 108
  3D 촬영의 백업 ······ 109
  피사체 크기의 대응 ······ 109
  아티팩트 제거하기 ······ 110
  제시 환경에 맞춰 시차 조정하기 ······ 111

❺ 2D/3D 변환에 의한 콘텐츠 제작하기 ······ 112
  망원 ······ 112
  광각 ······ 113
  줌 ······ 113
  달리 (dolly) ······ 114
  복잡한 피사체 ······ 114
  반사광, 하이라이트 ······ 115
  공중 촬영, 매크로 촬영 ······ 115
  난투 장면 ······ 115

　　　　미립자 ·········································· 116
　　　　투명한 피사체 ······························ 116

　❻ 2D/3D 변환의 과제 ··························· 117

**LESSON 05**
**3D 영상의 생체 영향과 안전성**

　❶ 영상의 생체 영향과 가이드라인 ········· 121
　❷ 영상 멀미 ········································· 122
　　　　동요병의 증상 ································ 122
　　　　동요병과 감각 불일치 ······················ 123
　　　　시각 유도성 자기 운동 감각 ············· 124

　❸ 안정 피로 ········································· 125
　　　　안정 피로의 원인별 분류 ·················· 125
　　　　안정 피로와 시각계의 부정합 ············ 126
　　　　폭주 및 초점 조절의 불일치와 시차각 ··· 127
　　　　영상 멀미와 3D에 의한 안정 피로 ······ 128

　❹ 3D 영상의 융합 범위 ······················· 129
　　　　호롭터와 파눔의 융합 영역 ··············· 129
　　　　망막성 융합과 폭주성 융합 ··············· 130
　　　　돈더스의 선과 퍼시발의 쾌적 영역 ····· 131
　　　　피사계 심도와 융합 범위 ·················· 132

　❺ 3D 영상과 안전성 ··························· 133

## LESSON 06 — 3D 콘텐츠의 설계 및 보정, 평가

**❶ 3D 콘텐츠의 설계** ······················· 139
    뎁스 버짓 ······································· 139
    뎁스 브래킷 ····································· 139
    뎁스 스크립트 ·································· 140
    뎁스 차트 ······································· 140

**❷ 3D 콘텐츠 보정하기** ················· 142
    좌우 영상의 수평 및 수직 조정 ············ 144
    퍼스펙티브 보정하기 ························· 145
    색 보정하기 ····································· 145
    피사계 심도의 효과 ·························· 146

**❸ 3D 콘텐츠 평가하기** ················· 147
    인체공학적 평가 ······························ 148
    안정 피로 평가하기 ························· 149
    인간공학적 평가와 제작 과정 ·············· 150
    인간공학적 평가와 스케러블 변환 ········ 155

**LESSON 07**
**3D의 포맷과 표준화**

① 3D 영상과 포맷 ......................................... 161

② 3D 영상의 배치 포맷 ................................ 162
    사이드 바이 사이드 ................................. 162
    톱 앤드 보텀 ............................................ 164
    라인 바이 라인 ........................................ 165
    체커보드 .................................................. 166
    프레임 시퀀셜 ......................................... 167

③ 3D 영상의 미디어 포맷 ............................ 168
    Blu-ray 3D .............................................. 168
    MPO ........................................................ 169
    HDMI 1.4a .............................................. 170

④ 방송과 3D 포맷 ......................................... 172


용어 모음 ....................................................... 177

마치면서 ......................................................... 194

저자 소개 ....................................................... 196

한국어판 출간에 맞춰 ................................. 198

About this Book
이책의 구성

이 책은 필자들이 지금까지 해 온 연구 활동을 바탕으로 이 책을 읽는 사용자들이 3D의 전문적인 지식을 배울 때 필요한 최신 동향 및 기본 정보를 서장(소개)을 포함한 여덟 장으로 분류하여 정리했습니다.

◈ 소개

이 책의 도입 부분으로, 3D의 역사적인 특징과 현상에 관련된 필자들의 의견과 현재의 대처 방안을 소개했습니다.

◈ 제 1 장
### 시각계가 이용하는 입체 정보

인간의 시각계에 비치는 세상을 입체적으로 지각하기 위해 사용하는 단서를 정리했습니다.

◈ 제 2 장
### 3D 디스플레이

3D 디스플레이의 주요 방식과 원리를 소개했습니다.

◈ 제 3 장
### 3D 콘텐츠 촬영하기

3D 영상의 대표적인 촬영 방법 및 기본 파라미터(parameter)와 실제로 사용하는 시스템 등을 해설했습니다.

◈ 제 4 장

### 2D/3D 변환하기

2D 영상에 인공적으로 양안(兩眼) 입체 정보를 부가하는 2D/3D 변환의 기본 원리와 특징을 정리했습니다.

◈ 제 5 장

### 3D 영상의 생체 영향과 안전성

3D를 보급할 때 부정적인 요인의 하나로 생체 영향에 대한 이제까지의 의견을 소개했습니다.

◈ 제 6 장

### 3D 콘텐츠의 설계 및 보정, 평가

프로덕션에서의 입체감 설계부터 포스트 프로덕션에서의 보정 및 평가까지 필자들의 대처 방안을 서술했습니다.

◈ 제 7 장

### 3D의 포맷과 표준화

3D 콘텐츠의 유통과 관련된 포맷과 표준화에 대한 현재 시점까지의 동향을 정리했습니다.

이 책의 맨 마지막에는 키워드를 정리한 용어모음을 제공하므로 본문과 함께 활용하세요.

# 서장

## 소개

· 3D의 역사적 특징과 현재의 상황
· 3D 표현의 사용자 경험 연구

| 양안식 입체 영상 |

**01** 책의 대상인 3D 및 입체 영상의 정식 명칭은 '양안식 입체 영상(stereoscopic images)' 입니다. 여기서 'stereoscopic'은 1838년에 양안 입체시의 원리를 발견한 Wheatstone이 만든 단어인데, 그리스어로 'solid(고체, 입체)'를 의미하는 '스테레오(stereo)'와 '보는 장치'라는 의미의 접미어인 '스코프(scope)'가 어원입니다.

# 01 3D의 역사적 특징과 현재의 상황

3D는 주기적으로 붐이 일어나는 역사적인 특징이 있는데, 1950년대와 1980년대의 3D 영화 붐이 대표적인 예입니다. 이에 따라 최근의 활발한 동향을 세 번째의 붐으로 평가하기도 하며, 2010년을 '3D 원년'으로 부르기도 합니다. 따라서 현재까지 3D가 일반에게 보급되지 않았던 것을 알 수 있습니다.

과거에는 디스플레이 개발 및 콘텐츠 제작이 기술적으로 미숙했고 콘텐츠의 질적 및 양적인 부족 때문에 붐이 오래 지속되지 않는 경우가 많았습니다. 이에 대해 최근 영화관이 디지털화되는 타이밍에 맞춰 이전보다 도입하기 쉬운 3D 디스플레이 기술을 제공하기 시작했습니다. 예를 들어 한 대로 3D 콘텐츠를 상영할 수 있는 프로젝터나 화이트 스크린 등의 기존 설비를 활용해서 3D 상영을 지원하는 기술이 개발되고 있습니다. 게다가 할리우드를 중심으로 질 높은 3D 콘텐츠를 계속 제작 및 공개하는 것도 과거의 붐과 다른 점입니다.

'3D 원년'으로 부르는 요인에는 큰 파급 효과도 있습니다. 주요 제조 회사가 3D를 지원하는 TV 및 게임을 차례로 발표 및 시판하는 현상은 많은 연구자나 업계 관계자의 예측을 넘어서서 매우 급속하게 전개되고 있습니다. 하지만 이러한 급속한 확대와 비교하여 콘텐츠의 제작 방법 및 안전성을 비롯한 3D 미디어의 특성은 아직까지 밝혀지지 않는 부분이 많기 때문에 우려되고 있습니다.

## 02 3D 표현의 사용자 경험 연구

3D를 유효하게 활용하려면 부정적인 측면이 아니라 긍정적인 측면에서도 충분히 검토해야 합니다. '영화를 3D로 찍으면 어떤 점이 좋지?'라는 물음에 대해 단순히 '튀어나온다' 또는 '들어가 있다'라고 하는 것은 좋은 대답이 될 수 없습니다. 왜냐하면 우리가 3D의 어느 요소에 매력을 느끼고 있는지 아직 분명한 단계가 아니기 때문입니다. 3D 표현에 의한 효과는 2D와 전혀 다른 느낌과 정서를 전달합니다. 그 이유로 필자들은 3D 표현의 품질과 사용자 경험(UX ; User Experience)에 대해 다양한 대처 방안을 연구해 왔습니다. 이러한 과정의 최종 목적은 안전성 및 쾌적성과 관련된 인간공학(ergonomics)적인 접근과 사용자 경험의 심리학적 측면을 통합하여 3D 표현을 최적화하는 것입니다.

최근에 등장한 대처 방안의 하나로 일대 비교법(paired comparison)과 인터뷰를 조합한 화질의 평가 방법인 버캐뷸러리(vocabulary, 어휘)의 수집 및 분석이 있습니다(2008년). 3D의 부가 가치를 이해할 때 '튀어나온다', '들어가 있다' 외에 3D 콘텐츠를 형용하는 다양한 어휘의 획득은 중요한 과제입니다. 또한 2D와 비교했을 때 사용자 경험의 차이에 대해 3D 콘텐츠 관찰 중 안구 운동을 측정하여 검토하고 있습니다(2010년). [그림 1]은 공동으로 연구하는 헬싱키대학교 심리학과의 안구 운동을 측정하는 풍경 사진입니다.

**사용자 경험**

**인간공학**

**일대 비교법**

**안구 운동**

• [그림 1] 3D 콘텐츠 관찰중 안구 운동의 측정 실험 풍경

이것은 현재 진행중인 연구 주제이지만 결과를 일부 소개하겠습니다. [그림 2]는 실험에서 제시한 콘텐츠의 한 장면이고, [그림 3]은 2D로 제시했을 때 주시점(point of gaze fixation)의 분포를 콘텐츠에 대응한 예입니다. 이 그림에서 2D는 인물, 특히 얼굴에 시선이 집중된 것을 알 수 있습니다. 한편 같은 콘텐츠를 3D로 제시한 [그림 4]에서는 인물의 얼굴을 주시하는 것은 같지만, 앞의 구조물에도 시선이 모여있습니다.

이러한 경향은 콘텐츠의 공간적인 구성과 관련될 가능성이 있어서 제1장에서 소개하는 입체 정보가 어떤 방식으로 콘텐츠에 포함되는지도 분석하고 있습니다. 이러한 대처의 추진 및 축적은 3D 미디어의 특성을 이해하고, 안전하고 쾌적한 콘텐츠 제작과 활용에 공헌할 것으로 기대됩니다.

주시점

02. 3D 표현의 사용자 경험 연구

- [그림 2] 제시한 3D 콘텐츠 (예) Stereoscape

- [그림 3] 2D 콘텐츠를 관찰할 때의 주시점 분포

- [그림 4] 3D 콘텐츠를 관찰할 때의 주시점 분포

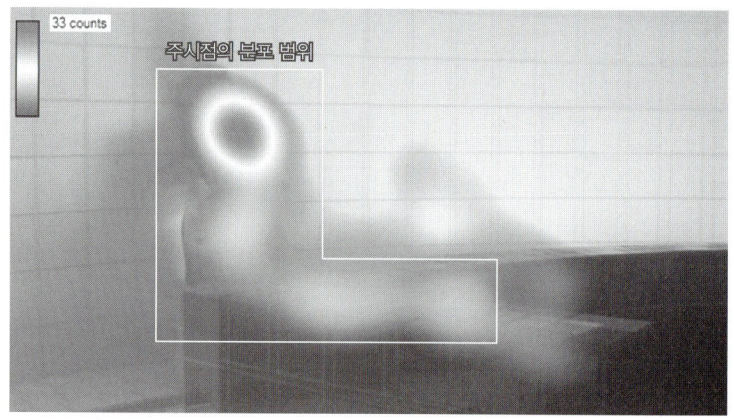

## 참고 문헌

C. Wheatstone : Contributions to the physiology of vision. -part the first. On some remarkable, and hitherto unobserved, phenomena of binocular vision, Philosophical Transactions of the Royal Society of London, Part II, p.371~394(1838)

J. Hakkinen, T. Kawai, J. Takatalo, T. Leisti, J. Raduna, A. Hirsaho, G. Nyman : Measuring stereoscopic image quality experience with interpretation based quality methodology, SPIE, Vol. 6808, p. 68081 B-1-12(2008)

J. Hakkinen, T. Kawai, J. Takatalo, R. Mitsuya, G. Nyman : What do people look at when they watch stereoscopic movies? : SPIE, Vol. 7524, p. 75240 E-1-10(2010)

LESSEON 01

# 시각계가 이용하는 입체 정보

· 시각계와 입체 정보
· 단안 입체 정보
· 양안 입체 정보
· 입체 정보와 유효거리

시각계

깊이 지각

입체 정보

2 D와 비교하여 3D로 좋은 표현을 하려면 인간의 시각계(visual system)에 대해 기본 지식을 갖춰야 합니다. 시각계는 빛으로 입력되는 정보를 단서로 외부 세계의 구조를 추정하는 신경계의 총칭입니다. 그 중에서 외부 세계를 입체적으로 지각하는 것은 '깊이 지각(depth perception)', 이것을 위한 단서는 '입체 정보(depth cue)'라고 부릅니다.

외부 세계는 모두 깊이 방향에 존재한다는 것을 이해해야 합니다. 즉 3D 영상의 '튀어나온다', '들어가 있다'라는 감각은 깊이 지각의 관점에서 보면 이질적이지만, 화면을 기준으로 전후에 피사체를 표현하기 위한 단서에 공통점이 많습니다. 이 장에서는 시각계가 깊이감을 얻기 위해 이용하는 단서인 입체 정보를 소개합니다.

# 시각계와 입체 정보

입체 정보는 크게 '단안 입체 정보(monoscopic depth cue)'와 '양안 입체 정보(stereoscopic depth cue)'로 분류합니다. 단안 입체 정보는 한쪽 눈으로 깊이감을 얻을 수 있는 단서이며, 대부분 회화나 영화에서 원근감을 표현하는 수법으로 활용합니다.

한편 양안 입체 정보는 두 눈으로 볼 때 처음으로 깊이 지각을 느낄 수 있는 단서인데, [표 1.1]에는 시각계가 이용하는 주요한 입체 정보가 나와있습니다.

|  | 단안 입체 정보 | 양안 입체 정보 |
|---|---|---|
| 망막상의 단서 | 은폐<br>상대적 크기<br>상대적 밀도<br>시야 안의 높이<br>공기 투시<br>운동 투시 | 양안시차 |
| 근육 제어계의 단서 | 초점 조절 | 폭주 |

단안 입체 정보

양안 입체 정보

● [표 1.1] 시각계가 이용하는 입체 정보

# 02 단안 입체 정보

지각심리학 및 인지과학 등의 학문 분야에서는 입체 정보에 대해 현재도 많이 연구하고 있습니다. 특히 단안 입체 정보는 다양한 단서가 보고되고 있습니다. 여기서는 Cutting(1995년)들의 분류를 바탕으로 일곱 종류의 단안 입체 정보를 소개합니다.

##  은폐

한 시점에서 전방의 대상이 배후 대상의 일부분을 가리는 상태를 '은폐(occlusion)'라고 하는데, 이 상태에서는 일반적으로 가려진 대상을 멀리 있다고 판단합니다. 은폐의 성립 조건에는 대상이 불투명하거나 전후에 교차하는 대상의 윤곽 부분이 왜곡되어 있지 않은 것이 있습니다. 따라서 [그림 1.1]의 경우 전후 관계를 위쪽 도형에서는 판단할 수 있지만, 아래쪽 도형에서는 판단할 수 없습니다. 은폐의 특성으로 감도가 거리에 의존하지 않고 일정하기 때문에 단안 입체 정보 중에서는 가장 강력한 단서의 하나라고 할 수 있습니다.

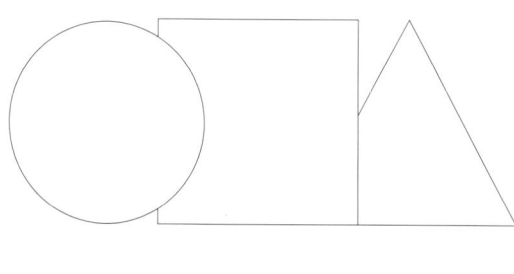
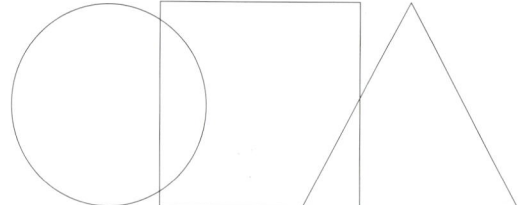

- [그림 1.1] 은폐의 예

## 상대적 크기

같은 크기의 대상이 여러 개 있을 때 망막상(retinal image)이 작은 쪽을 멀리 있다고 판단하는데, 이것을 '상대적 크기(relative size)'라고 합니다. 상대적 크기의 성립 조건은 적어도 둘 이상의 대상이 있을 것, 대상이 너무 크거나 가깝지 않을 것, 대상의 크기에 대한 사전 지식을 가지고 있을 것 등입니다.

망막상

상대적 크기

● [그림 1.2] 상대적 크기의 예

상대적 밀도

## 상대적 밀도

상대적 밀도(relative density)에서는 망막상의 밀도가 높으면 멀리 있다고 판단합니다. 은폐와 같이 거리에 의존하지 않는 단서이지만, 상대적 밀도보다 상대적 크기의 감도가 높다고 간주됩니다.

• [그림 1.3] 상대적 밀도의 예

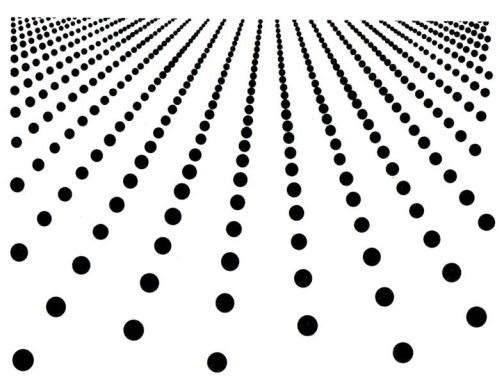

## 시야 안의 높이

시야 안의 높이

시야에서 대상의 상대적인 높이를 '시야 안의 높이(height in visual field)'라고 하며, 이것도 깊이감을 얻기 위한 단서입니다. 일상생활에서 가까운 곳에서 먼 곳으로 시선을 움직일 때 일반적으로 아래쪽에서 위쪽으로 시선이 이동하는 것도 관련이 있습니다. 시야 안의 높이의 성립 조건은 중력이 있는 것, 지면이 애매하지 않은 것 등이 있습니다. 유효거리는 수 미터부터 1,000m 정도까지 걸쳐서 서서히 감도가 떨어집니다.

• [그림 1.4] 시야 안의 높이

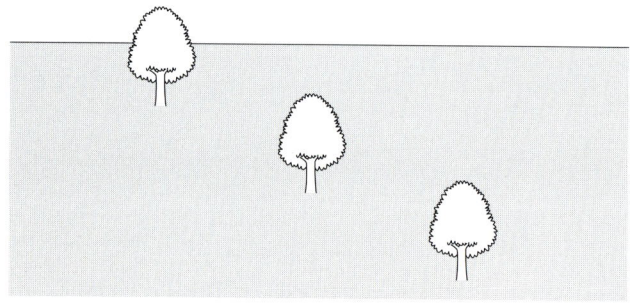

## 공기 투시

공기 투시(aerial perspective)는 대기의 광선이 난반사이기 때문에 대상이 멀수록 채도(색상) 및 명도(밝기)가 떨어져 보이는 현상입니다. 예를 들어 가까운 나무의 잎보다 먼 산의 초록색이 엷고 하늘색으로 보이는 것을 쉽게 경험할 수 있습니다. 성립 조건은 대기가 있지만, 안개 등 날씨 변화로 거리감이 바뀌기도 합니다. 유효거리는 100m 전후에서 수천 미터로, 멀어질수록 감도가 상승합니다.

공기 투시

- [그림 1.5] 공기 투시

### 운동 투시

운동 투시(motion perspective)는 시점 위치의 변화로, 시야 전체의 대상에 거리에 응답한 움직임이 발생하는 것을 의미합니다. 또한 시점 이동에 따른 대상 간의 상대적인 움직임은 운동 시차로 구별하기도 합니다. 운동 투시의 성립 조건은 눈에 비치는 세계가 유동적이지 않아야 합니다. 또한 유효거리는 보행 또는 전철을 이용할 때와 같이 시점의 이동 속도에 따라 변합니다.

운동 투시

운동 시차

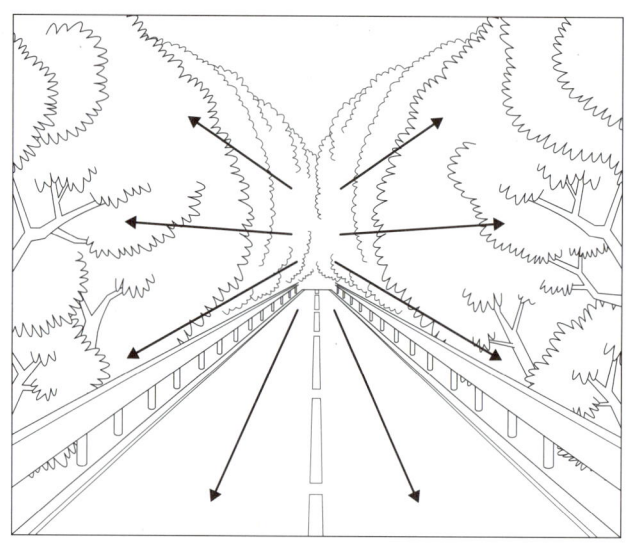

- [그림 1.6] 운동 투시

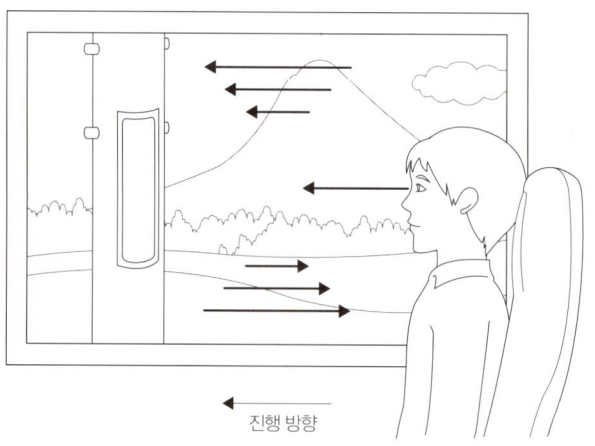

진행 방향

- [그림 1.7] 운동 시차

##  초점 조절

초점 조절은 수정체의 형상을 변화시킨 후 망막상을 선명하게 형성시키는 기능으로, [그림 1.8]에서는 오른쪽 안구의 수평 단면도를 제시했습니다. 안구는 지름 약 24mm의 원형으로, 전면의 각막으로부터 빛이 입사되는데, 입사한 빛은 전방, 수정체, 유리체 등을 통과하여 망막에 도달합니다. 수정체의 주위에는 '모양소대(毛樣小帶 또는 Zinn氏帶, zonula ciliaris)'라는 무수한 섬유가 붙어있으며, 그 주변을 '모양체근(毛樣體筋, ciliaris muscle)'이라는 윤상근(輪狀筋)이 둘러싸고 있습니다. 수정체의 두께는 모양체근의 긴장과 이완에 의해 변합니다.

구체적으로 모양체근이 긴장하면 모양소대는 이완하여 느슨해지고, 수정체는 자신의 탄성에 의해 두꺼워지기 때문에 굴절력이 상승하여 가까운 곳에 초점이 맞습니다. 한편 모양체근이 이완하면 모양소대는 긴장하게 되고, 수정체의 형태는 주변에서 끌어당기는 힘으로 얇아져서 먼 곳에 초점이 맞게 됩니다.

초점 조절의 유효거리는 선명하게 보이는(명시) 가장 먼 점(원점)과 최대의 굴절력으로 명시할 수 있는 가장 가까운 점(근점)으로 구성되는 범위로 규정할 수 있습니다. 이것은 개인별로 시력이 다른 것처럼 초점 조절의 유효거리도 개인차가 심하다는 것을 나타냅니다. 동시에 노화와 함께 수정체가 경화하여 근시 장해를 일으키는 노안으로부터도 크게 영향을 받습니다. 또한 초점 조절은 주시점(注視點)의 전후 근방에서 초점이 흐려지기 때문에 전후 관계를 판단하는 단서로 약하지만, 거리가 다른 대상에 초점을 맞추면서 감도가 상승합니다.

- [그림 1.8] 안구의 구조

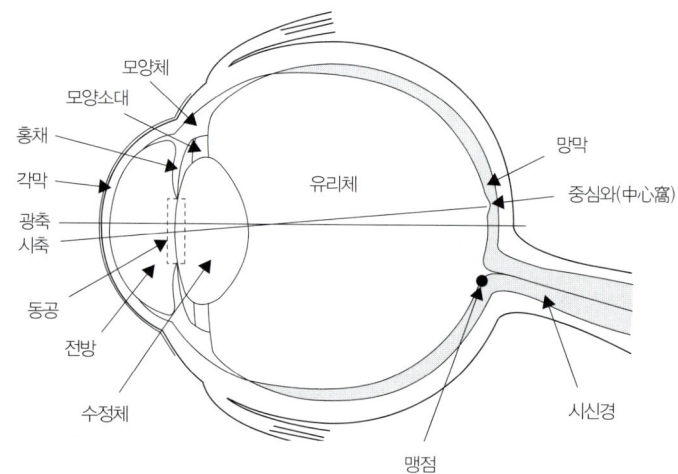

- [그림 1.9] 초점 조절

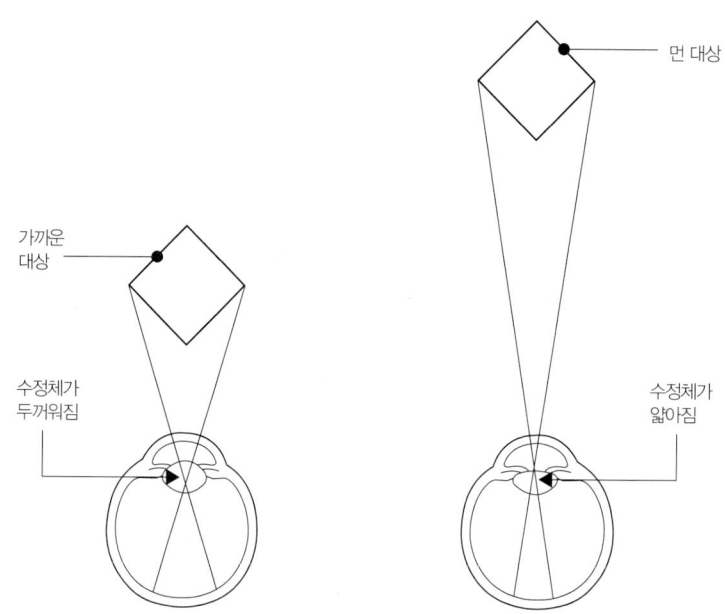

# 03 양안 입체 정보

양안 입체 정보는 두 눈으로 볼 때 처음으로 깊이를 지각할 수 있는 단서로, 이것을 위해 양안시(兩眼視, binocular vision)가 작동해야 합니다. 양안시는 '동시시(同時視, simultaneous perception)', '융합(融合, sensory fusion)', '입체시(立體視, stereoscopic vision)'라는 세 종류의 기능으로 분류합니다.

동시시는 대상을 두 눈으로 동시에 보는 기능이고, 융합은 두 눈의 망막상을 감각적으로 하나의 대상으로 인지하는 기능이며, 입체시는 두 눈의 망막상의 차이로부터 깊이감을 얻는 기능입니다. 양안시 기능은 생후 3~6개월 사이에 급속히 발달하며, 6세 정도에 거의 완성됩니다.

양안시
동시시
융합
입체시

## 양안시차

양안시차

복시

양안시차(binocular disparity)는 좌우 망막에 비치는 같은 대상의 상대적인 위치 차이 때문에 발생합니다. 양안시차가 일정한 범위 안이면 입체시가 가능하지만, 과도한 양안시차는 하나의 대상이 이중으로 보이는 복시(複視, diplopia) 현상의 원인이 됩니다. 자연스러운 시선에서는 복시 자체가 하나의 입체 정보가 될 수 있습니다. 수많은 연구에서 양안시차는 가장 강력한 입체 정보로 손꼽히는데, 원리적으로는 가까울수록 감도가 높아지고, 멀어질수록 떨어집니다.

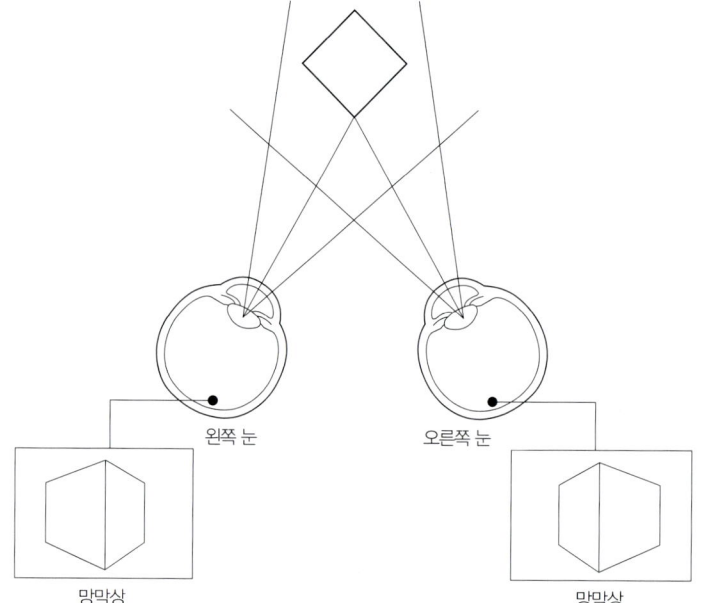

- [그림 1.10] 수평 시차

## 폭주

폭주(輻湊, convergence)는 안구 운동의 일종으로, 두 눈의 주시선(注視線)이 눈 앞의 한 점에 교차하는 움직임을 말합니다. 폭주의 반응량은 좌우의 시선에서 성립되는 각도로, 폭주각으로 표현합니다. 좌우의 시선이 근방에서 교차할 때 폭주각은 증가합니다. 즉 0°에 근접하면 좌우의 시선은 거의 평행이 되고, 멀어질수록 감도가 떨어집니다. 또한 하나 이상의 주시하는 대상이 존재하는 것 등이 폭주의 성립 조건입니다.

우리가 대상을 볼 때는 시선을 교차시키면서 초점을 맞춥니다. 즉 자연스러운 시선에서 폭주와 초점 조절은 항상 같은 대상에서 작용합니다. 폭주와 초점 조절의 관계는 3D 표현의 안전성과 밀접하게 관련되어 있는데, 이것에 대해서는 제5장에서 상세하게 살펴보겠습니다.

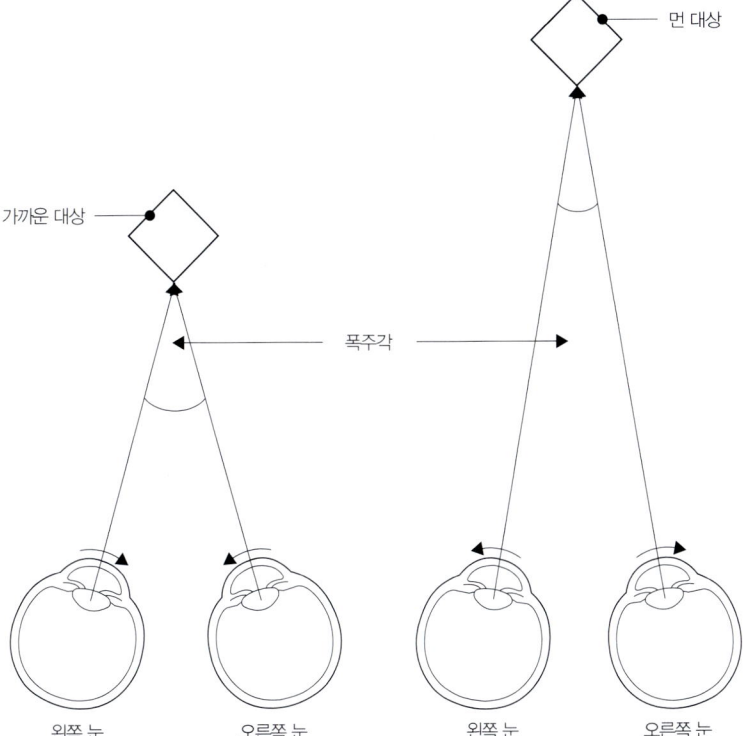

- [그림 1.11] 폭주

# 입체 정보와 유효거리

지각심리학 및 인지과학 등의 학문 분야에서 입체 정보에 대해 많이 연구하고 있습니다. 이 중에서 입체 정보와 유효거리 및 이들의 감도에 대해서도 많이 검토되고 있는데, [그림 1.12]에서 하나의 예를 제시했습니다. 그림 중에서 공간의 분류이지만, 개인 공간은 자신의 손이 닿는 범위로, 약 2m 이내를 의미합니다. 행동 공간은 목소리가 전해지는 범위로, 약 30m이며, 조망 공간은 30m 이상입니다. 여기서 소개한 것 외에 선 투시(linear perspective)나 음영(shade and shadow) 등 많은 단안 입체 정보가 있습니다.

> 선 투시
> 음영

[그림 1.12]를 보면 자연스러운 시선에서는 대상까지의 거리나 공간의 성질에 대응해서 입체 정보의 유효성이 다른 것을 알 수 있습니다. 다시 말해서 깊이감은 복수의 입체 정보를 통합 또는 서로 참조해서 지각되는 것입니다. 3D에서는 2D와 비교하여 양안 입체 정보를 부가할 수 있습니다. 하지만 단순히 '튀어나온다', '들어가 있다'에 머물지 않고 장면이나 작품의 연출 의도에 맞추어 총체적으로 깊이감의 표현 방법을 검토해야 합니다.

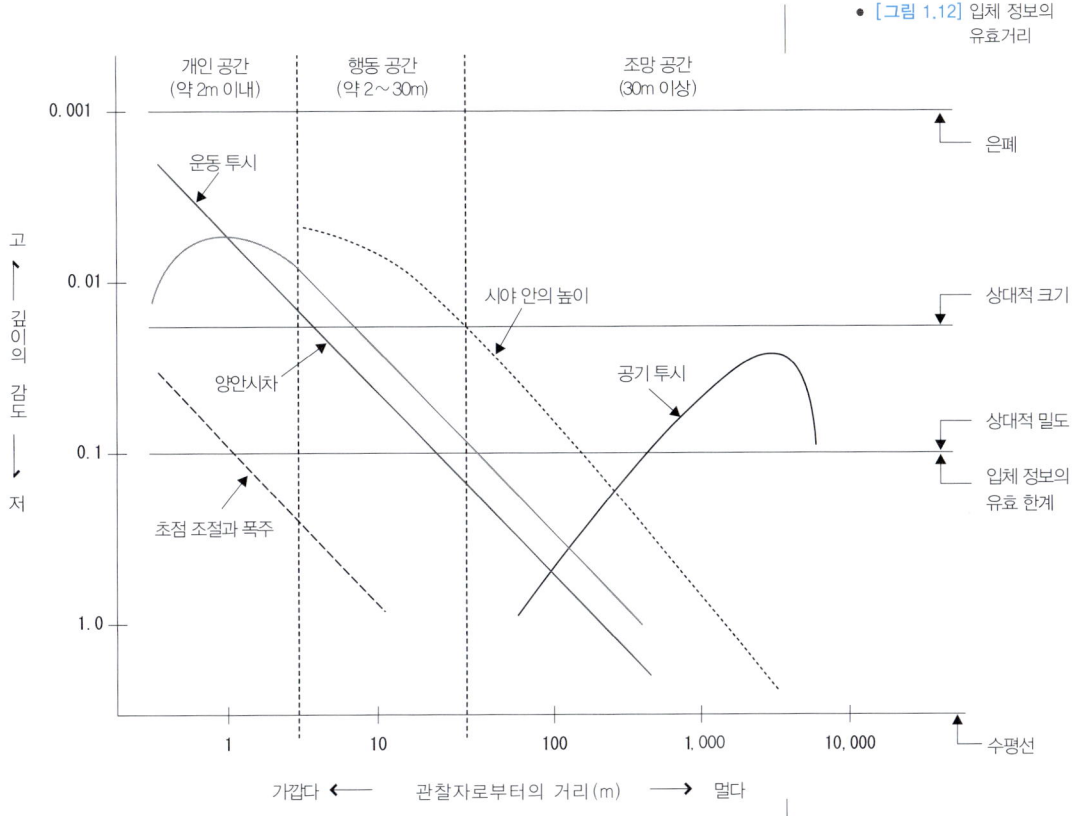

● [그림 1.12] 입체 정보의 유효거리

### 참고 문헌

우치카와 케이지 감수 영상정보미디어 학회 편 『시각심리입문. 기초로부터 응용 시각까지』, Ohmsha, Ltd.(2009)

J. E. Cutting, P. M. Vishton:Perceiving layout and knowing distances: The integration, relative potency, and contextual use of different information about depth, W. Epstein and S. Rogers:Handbook of Perception and Cognition; Vol. 5: Perception of space and motion, p.69~117, CA:Academic Press(1995)

LESSEON 02

# 3D 디스플레이

· 스코프식
· 안경식
· 무안경식

**01** 책의 대상인 3D는 기존의 2D 디스플레이에서 제시한 단안 입체 정보에 두 눈을 통해 발생하는 양안 입체 정보를 부가한 양안 입체 영상을 대상으로 하고 있습니다. 양안식 3D 디스플레이는 양안 입체 정보가 포함된 3D 콘텐츠를 좌우의 눈에 분할하여 제시하는 구조로, 여러 방면에 걸쳐 고안 및 개발되었습니다.

제3장에서는 디스플레이를 관찰할 때 필요한 인간의 행위로부터 크게 '스코프식(scope)', '안경식(glasses)', '무안경식(glasses-free)'으로 분류했습니다. 스코프식은 3D 디스플레이를 들여다보는 형태를 선택하거나 3D 디스플레이를 머리에 장착하는 방식이고, 안경식은 영화관 및 3D TV 등에서 주로 볼 수 있는 방식이며, 무안경식은 관찰하는 위치나 거리가 한정되는 반면 안경 등의 장착이 필요 없는 방식입니다. 이 장에서는 이러한 분류 기준을 바탕으로 3D 디스플레이의 주요 방식과 원리를 소개합니다.

● [표 2.1] 3D 디스플레이의 거시적 분류

| | |
|---|---|
| 스코프식 | 스테레오스코프 (stereoscope) |
| | 헤드 마운트 디스플레이 (head mounted display) |
| 안경식 | 애너그리프 (anaglyph) |
| | 편광 필터 (polarized light filter) |
| | 액정 셔터 (liquid crystal shutter) |
| 무안경식 | 패럴랙스 배리어 (parallax barrier) |
| | 렌티큘러 (lenticular) |

# 01 스코프식

## 🔷 스테레오스코프

스코프식은 '들여다보는'이나 '머리에 장착하는' 3D 디스플레이의 총칭입니다. 전자는 스테레오스코프(stereoscope)로, 후자는 헤드 마운트 디스플레이(HMD ; Head-Mounted Display)로 구별합니다.

'서장. 소개'에서 소개했던 Wheatstone의 양안 입체시의 연구에서 사용한 스테레오스코프가 세계 최초의 3D 디스플레이로 간주되고 있습니다. 당시에는 사진 기술이 발명되지 않았기 때문에 거울의 반사를 이용해 양안시차를 포함한 한 쌍의 선으로 구성된 그림을 분할해서 제시했는데, 이러한 구성 방식은 [그림 2.1]에, 원리는 [그림 2.2]에 나타나 있습니다.

[그림 2.1]에서는 좌우로 반전시킨 그림을 마주 보게 배치한 후 두 장의 거울로 반사시키고 있습니다. [그림 2.2]에서 제시한 것처럼 거울은 다른 방면의 도형을 차단하여 좌우의 시선으로 하나의 도형을 관찰하는 것처럼 교차시키고 있습니다. 한편 스테레오스코프는 '입체경', 양안시차가 포함된 도형 및 이미지는 '스테레오그램(stereogram)'이라고도 합니다.

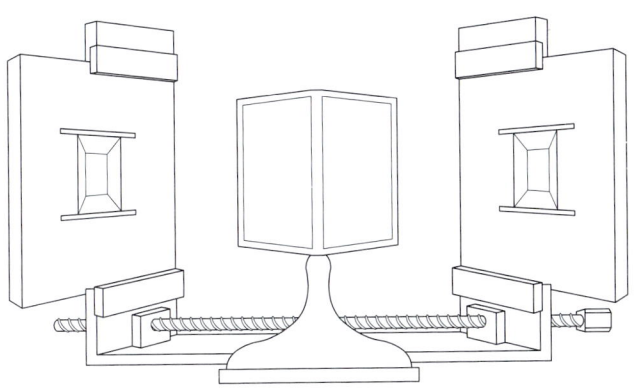

● [그림 2.1] Wheatstone의 스테레오스코프의 구성

• [그림 2.2] Wheatstone의 스테레오스코프의 원리

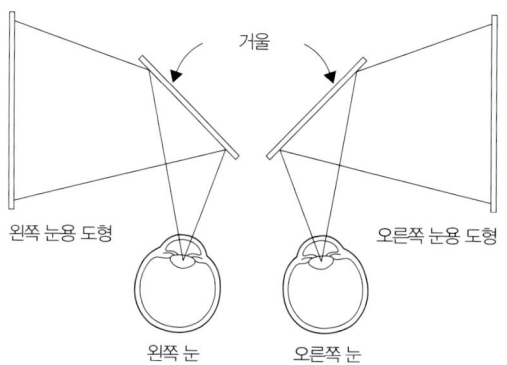

• [그림 2.3] Wheatstone가 사용했던 스테레오그램의 예

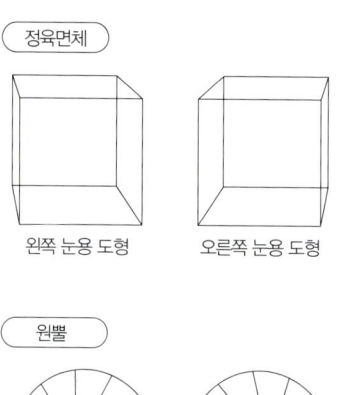

스테레오 사진

사진 기술을 발명한 후 Wheatstone의 스테레오스코프에서 사용했던 도형은 사진으로 바뀌고 양안시차가 포함된 좌우 한 쌍의 사진을 '스테레오 사진(stereo photography)'으로 합니다. Wheatstone의 스테레오스코프는 너무 커서 일반인에게 보급되지 않았습니다.

1850년 Brewster는 거울 대신 절반으로 자른 렌즈를 사용하여 스테레오스코프를 제작했습니다. [그림 2.4]에는 외관이, [그림 2.5]에는 원리가 나타나 있는데, 렌즈 프리즘의 작용으로 스테레오 사진을 연달아 배치해도 좌우의 시선은 마치 한 장의 사진을 관찰하는 것처럼 교차합니다. 또한 볼록렌즈의 굴절 작용으로 수정체의 초점도 실제 사진의 위치보다 먼 곳에 맞춰져서 조절됩니다.

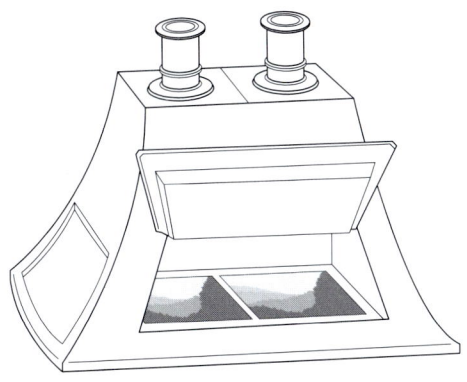

● [그림 2.4] Brewster의 스테레오스코프의 외관

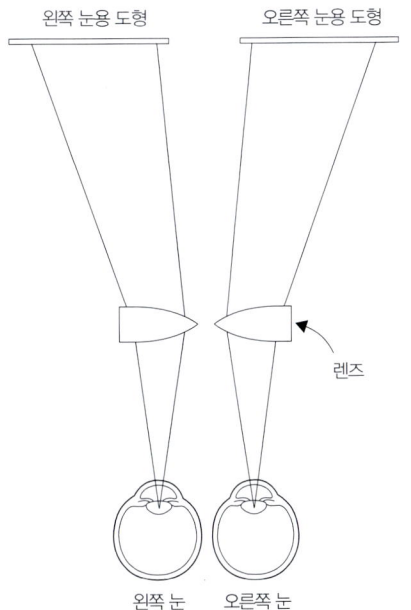

● [그림 2.5] Brewster의 스테레오스코프의 원리

## 헤드 마운트 디스플레이

'들여다보는' 스테레오스코프에 대해 '머리에 장착하는' 것이 HMD입니다. HMD에서는 좌우의 눈 앞에 소형 디스플레이를 배치하여 양안시차가 포함된 영상을 분할하여 제시합니다. [그림 2.6]처럼 HMD에서는 눈 앞에 디스플레이를 배치하기 때문에 접안렌즈를 이용해 초점 조절을 먼 곳에 맞추는데, 일반적으로 눈 앞의 1m 전후나 2~3m 정도에 맞춥니다.

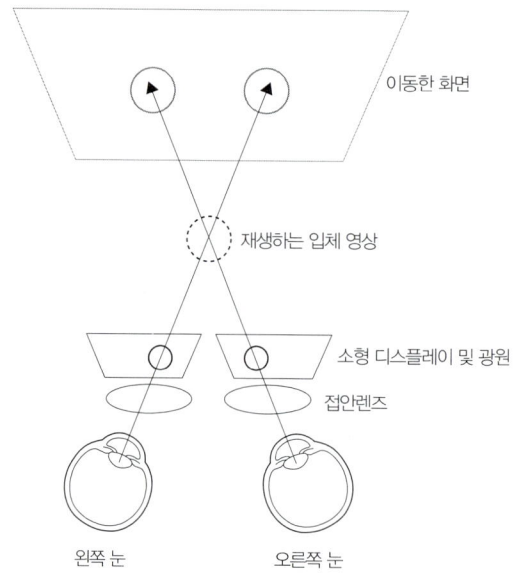

• [그림 2.6] HMD의 원리

HMD에 관련된 초기의 특허는 1943년에 McCollum이 출원한 특허가 있습니다. HMD는 지금까지 가상 현실(VR ; Virtual Reality)의 표현의 수단으로 사용하는 예가 많았습니다. 왜냐하면 머리의 위치와 방향을 검출하는 헤드 트래킹(head tracking)에 의해 인간의 움직임에 따라 영상이 변화되면서 상호 작용하는 시스템을 구축할 수 있기 때문입니다. 이와 같이 VR의 기본이 되는 시스템은 1968년에 Sutherland가 발표했습니다.

최근에는 HMD의 소형화나 경량화, 고해상도화가 진행되어 일반 소비자를 대상으로 한 제품도 저렴한 가격으로 판매되고 있습니다. 또한 HMD는 양안으로 관찰하는 것 외에 단안으로 관찰하는 형태도 있습니다. 그리고 현실의 시야를 차단하는 것이 아니라 시야에 영상을 겹쳐서 표시(see-through)하는 투시형 HMD는 실제 환경에 정보를 부가하는 증강 현실(AR ; Augmented Reality)의 시스템으로 응용할 수 있습니다.

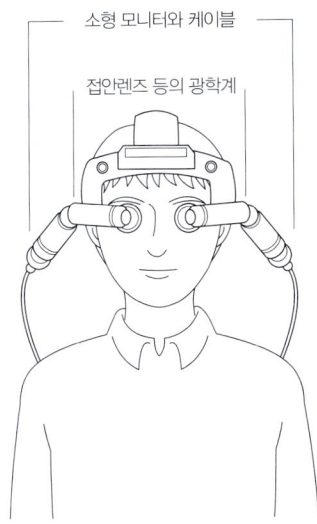

● [그림 2.7] Sutherland가 사용한 HMD

# 02 안경식

## 애너그리프

안경식에서는 좌우의 눈에 분할해서 제시하는 방식에 따라 안경을 다르게 사용합니다. 일반적으로 '적청(赤靑) 안경 방식'으로 알려진 애너그리프(anaglyph)의 원리는 1853년 Rollman이 발표했습니다.

애너그리프는 '두드러지다'라는 의미의 단어이지만, 현재는 3D 디스플레이의 한 방식을 나타냅니다. 애너그리프에서는 좌우 영상을 보색 관계가 되도록 합성하여 양안시차를 포함한 하나의 영상으로 구성하는데, 이 것을 좌우의 눈에 분할해서 제시하기 위해 공통의 투과 파장역(透過波長域)이 없는 컬러 필터 안경을 이용합니다. 필터의 색은 빨강(red)과 청록(cyan)이 중심이지만, 마젠타(magenta)와 초록(green) 등 다른 보색을 한 쌍으로 사용하기도 합니다.

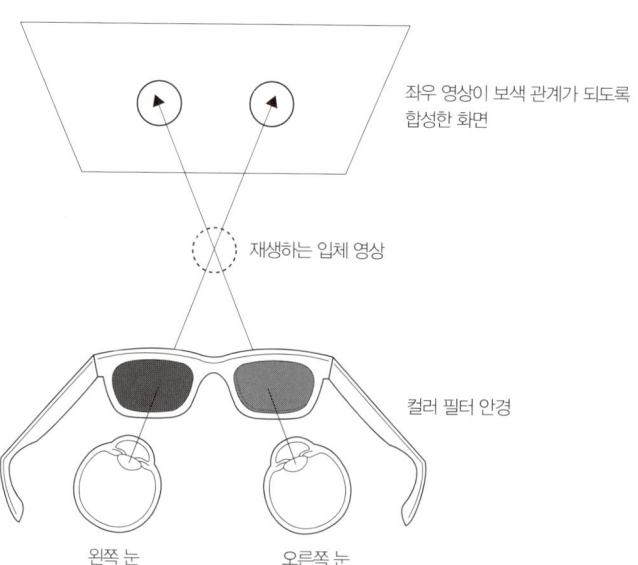

● [그림 2.8] 애너그리프의 원리

애너그리프는 인쇄물부터 TV, 영화까지 재생하는 미디어를 고르지 않는다는 특징 때문에 다방면에서 사용되었습니다. 콘텐츠의 유통 및 관찰이 쉬우므로 현재도 많은 분야에서 이용하고 있습니다. 3D 디스플레이의 방식이라는 점에서 크기에 구애받지 않는다는 것도 애너그리프의 특징입니다. 한편 애너그리프는 두 눈에 서로 다른 컬러 필터를 통해서 관찰해야 하므로 색의 재현성이 떨어진다는 단점이 있습니다. 특히 필터의 파장에 가까운 색을 좌우 영상에 사용하면 제3장에서 살펴볼 망막경합이 생기고 위화감 및 피로감이 매우 커집니다.

애너그리프는 파장 다중 방식(wavelength-multiplexed)의 하나로도 분류됩니다. 파장 다중 방식은 빛의 파장에 따라 좌우의 눈에 분할되는 방식의 총칭입니다. 애너그리프 외에 호박색과 짙은 청색을 이용하여 색의 재현성을 개선한 컬러 코드 3D나, 필요한 범위의 주파수만 통과시키는 필터인 대역 통과 필터를 이용한 인피텍(Infitec ; interference filter technology) 시스템 등이 있습니다. 인피텍은 돌비 3D(Dolby 3D Digital Cinema) 방식으로 영화관에서 주로 사용합니다.

파장 다중 방식

컬러 코드 3D

인피텍

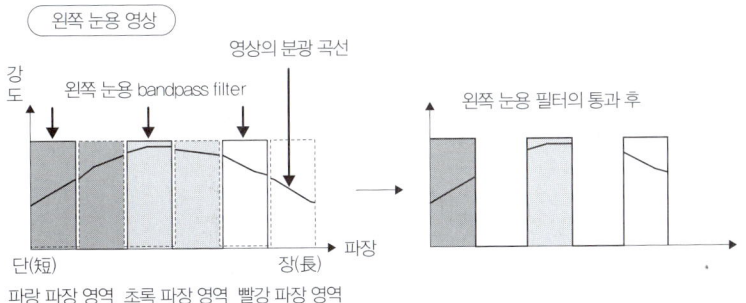
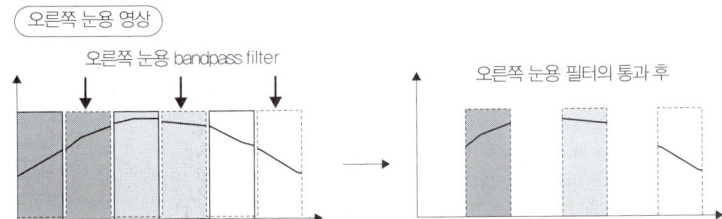

• [그림 2.9] 인피텍의 원리

## 편광 필터

1893년 Anderson이 편광 필터를 사용한 3D 디스플레이에 대한 최초의 특허를 출원했습니다. 편광은 특정한 방향으로만 진동하는 빛을 의미합니다. 빛은 모든 방향으로 진동해서 나아가지만, 매우 미세한 슬릿(slit)을 갖춘 필터를 배치하면 해당 필터와 평행한 빛의 진동만 투과됩니다. 이것이 편광 필터인데, 일정한 방향으로만 진동하는 빛을 추려낼 수 있습니다. 이에 대해 수직 교차(직교)하는 편광 필터를 배치해서 빛을 차단하는 상태를 '직교 니콜(crossed nicol)'이라고 합니다. 여기서 직교하는 편광 필터를 평행으로 배치하면 빛이 투과하는데, 이 상태를 '평행 니콜(parallel nicol)'이라고 합니다(그림 2.10).

### 편광 다중 방식

편광 필터를 이용한 3D 디스플레이는 '편광 다중 방식(polarization-multiplexed)'이라고도 합니다. 3D 디스플레이에서 사용하는 편광 필터에는 '직선 편광'과 '원 편광'의 두 종류가 있습니다. 진동 방향이 일정하면 '직선 편광', 빛의 전파에 따라 진동 방향이 원을 그리면 '원 편광'이라고 합니다. 원 편광 필터는 직선 편광 필터보다 투과하는 빛의 각도가 크기 때문에 머리를 약간만 기울여도 입체로 볼 수 있습니다. 반면 특정 파장의 빛이 분할되지 않는 상태에서는 두 눈에 제시되는 크로스토크(cross-talk)가 발생하는 문제점이 있습니다.

### 크로스토크

- [그림 2.10] 직교 니콜과 평행 니콜

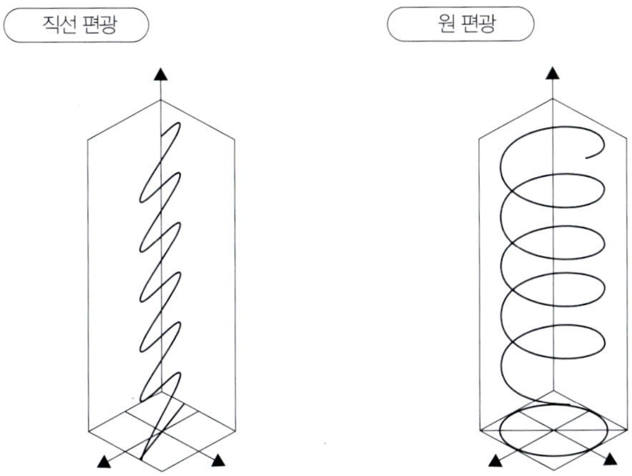

직선 편광 　　　　　　　원 편광

• [그림 2.11] 직선 편광과 원 편광

편광 필터를 이용한 3D 디스플레이는 서로 직교하는 두 장의 편광 필터를 통해서 콘텐츠를 제시하고, 이에 대응하는 편광 필터 안경을 이용해 좌우의 눈에 좌우 영상을 분할시키는 구조입니다. [그림 2.11]은 편광 필터를 이용한 3D 디스플레이의 기본 구성입니다. 편광 필터를 이용한 3D 디스플레이를 프로젝터로 재현할 때는 편광이 흐트러지지 않도록 실버 스크린(silver screen) 등에 투영하는데, 이러한 기본 구성은 현재에도 IMAX digital 3D 방식으로 영화관에서 사용하고 있습니다.

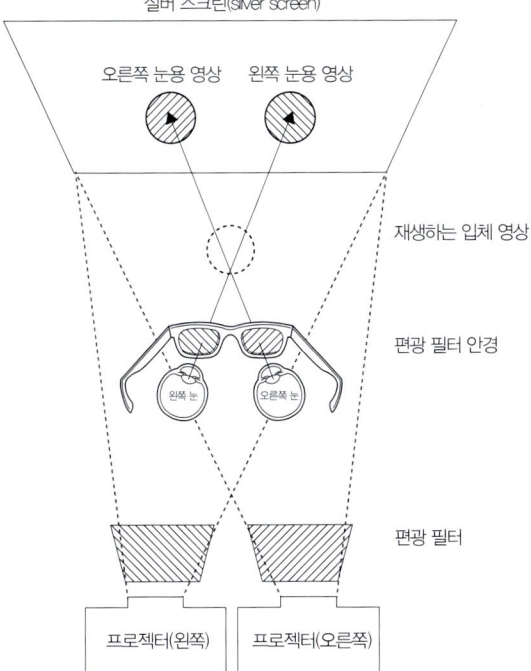

• [그림 2.12] 편광 필터를 이용한 3D 디스플레이의 기본 구성

편광 필터는 3D 콘텐츠를 고해상도로 표현하고, 색 재현이 뛰어나며, 많은 사람들이 동시에 관찰할 수 있으므로 어뮤즈먼트(amusement) 시설을 중심으로 널리 이용되었습니다. 반면 영상이 어두워야 하거나 특수한 스크린이 있어야 하는 것, 프로젝터나 모니터가 좌우 영상용으로 두 대가 필요한 것 등이 문제점입니다. 그러나 최근 두 대의 모니터가 필요하다는 문제는 미세한 편광 소자에서 구성된 광학 필터를 이용하는 것으로 해결했습니다. 이 필터를 'μPol(마이크로 폴)'이나 'xPol(엑스 폴)' 등으로 부르는데, 액정 모니터 등 한 대의 평판 디스플레이에 접착하여 편광 필터 안경을 통해 좌우 영상을 분리합니다.

μPol/xPol에서는 디스플레이에 있는 화소의 수평 라인에 맞춰 1라인씩 진동 방향의 다른 편광 소자를 배치하고 있습니다. 이에 따라 수평 1라인씩 좌우 영상을 교차로 제시하기 때문에 수직 방향의 해상도가 절반이 된다는 문제도 있습니다. μPol은 직선 편광, xPol은 원 편광의 광학 필터이며, 현재는 xPol을 3D TV의 주요한 방식으로 활용하고 있습니다. 한편 μPol/xPol은 디스플레이의 면적을 분할해서 제시하므로 공간 다중 방식의 하나로도 분류합니다.

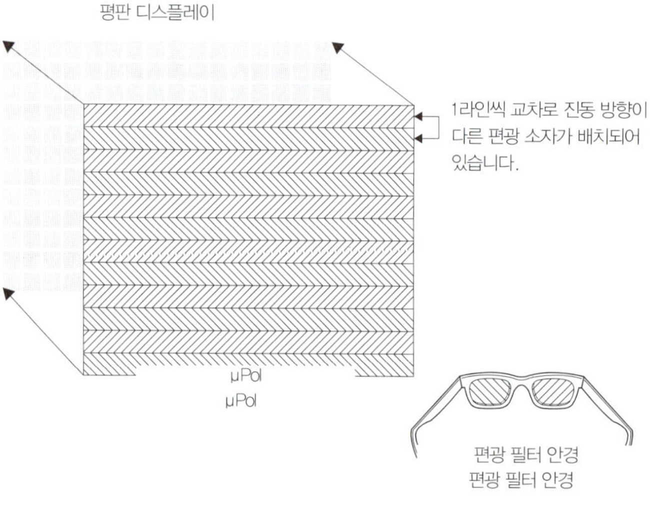

**공간 다중 방식**

• **[그림 2.13]** μPol을 이용한 3D 디스플레이의 기본 구성

## 액정 셔터

1985년에 Lipton 등은 액정 셔터 안경을 이용한 3D 디스플레이의 기본 시스템의 특허를 출원했습니다. 이 시스템에서는 표준 TV(SDTV ; Standard Definition TeleVision)의 영상 신호의 필드 주기를 이용해 좌우 영상을 기록 및 재생하고 있습니다. 우리나라, 미국, 일본 등에서 사용하는 SDTV의 영상 신호는 'NTSC(National Television System Committee)'인데, 525개의 주사선으로 1초 동안 30프레임을 표시합니다.

프레임(frame)은 영상을 구성하는 단위로, 1콤마의 영상이 1프레임이 됩니다. NTSC에서는 1프레임의 수평 방향의 라인을 홀수 라인과 짝수 라인의 영상에 나누어 교대로 제시해서 1프레임을 표현하는데 이것을 '인터레이스(interlace)'라고 합니다. 그리고 홀수나 짝수 라인만의 영상을 '필드'라고 해서 홀수와 짝수의 2필드로 1프레임을 구성하므로 SDTV의 영상 신호의 필드 주기는 1/60초가 됩니다. 이 시스템에서는 홀수 필드와 짝수 필드에 각각의 좌우 영상을 교대로 기록 및 재생합니다.

표준 TV

NTSC

인터레이스

| 프레임 | | 1 | 2 | 3 | 4 | 5 |
|---|---|---|---|---|---|---|
| 필드 | 홀수 | 1 | 2 | 3 | 4 | 5 |
| | 짝수 | | 1 | 2 | 3 | 4 | 5 |
| 기록 및 재생하는 영상 | | 우 | 우 | 우 | 우 | 우 |
| | | | 좌 | 좌 | 좌 | 좌 | 좌 |

● [그림 2.14] SDTV의 인터레이스를 이용한 좌우 영상의 분할 예

이 시스템에서는 1/60초씩 좌우 영상을 교대로 표시하고 영상을 좌우의 눈에 분할해서 제시하기 위해 액정 셔터 안경을 사용합니다. 눈 앞의 액정 셔터가 필드 주기에 동기를 맞춰 개폐(열고 닫음)하는 방식으로 좌우 영상을 분할합니다. 구체적으로 오른쪽 눈용의 영상을 제시하는 순간에는 왼쪽 셔터가 닫히면서 오른쪽 셔터가 열립니다. 반대로 왼쪽 눈용의 영상을 제시하는 순간에는 오른쪽 셔터가 닫히면서 왼쪽 셔터가 열립니다. 이렇게 빠르면서 연속적으로 셔터를 개폐하기 때문에 오른쪽 눈에서는 오른쪽 눈용의 영상만, 왼쪽 눈에서는 왼쪽 눈용의 영상만 관찰할 수 있습니다.

• [그림 2.15] 액정 셔터의 원리

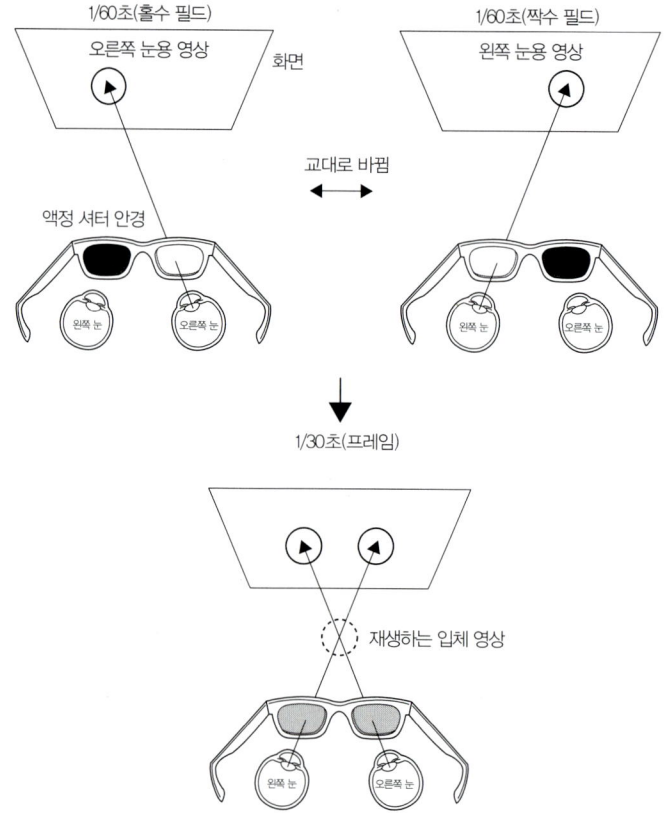

[그림 2.15]의 시스템에서는 좌우 영상을 1/60초의 시간차로 제시하여 한쪽 눈에서는 1/30초의 주기로 액정 셔터를 개폐합니다. 좌우 영상 간의 시간차에서는 1/10초 정도 지연되어도 입체로 볼 수 있다고 알려져 있습니다. 하지만 1/30초(30Hz)라는 주기는 인간이 깜빡거림을 느끼는 주기(약 55Hz)보다 길어서 관찰과 함께 점멸하는 감각이 생깁니다. 이것을 개선하려면 액정 셔터의 개폐 주기를 1/120초(60Hz) 이상으로 설정해야 합니다.

좌우 영상을 필드 단위로 분할할 때 수직 방향의 해상도가 절반이 되는 문제점이 발생합니다. 이러한 문제점은 좌우 영상을 필드가 아닌 프레임 단위로 교대하여 기록 및 재생하는 것으로 해결할 수 있습니다. 필드 단위로 좌우 영상을 분할하는 방식은 '필드 시퀀셜(field sequential)', 프레임 단위로 분할하는 방식은 '프레임 시퀀셜(frame sequential)'이라고 합니다. 깜박거림과 해상도의 반감(半減)이 개선된 액정 셔터를 이용하는 3D 디스플레이 시스템은 현재 영화관에서 XpanD 방식으로 이용하는 것 외에 3D TV의 주요 방식의 하나가 되었습니다.

필드 시퀀셜
프레임 시퀀셜

액정 셔터를 이용하는 3D 디스플레이는 일정 시간 간격으로 좌우 영상을 교대로 제시하기 때문에 시간 다중 방식의 하나로도 분류합니다. 또한 액정 셔터처럼 안경 부분이 전기를 이용해 움직이므로 '액티브 방식'이라고도 합니다. 한편 액티브와 비교하여 편광 필터 안경 등을 '패시브 방식'이라고 합니다.

시간 다중 방식

영화관에서 사용하는 3D 디스플레이 시스템 중에서 액티브 방식과 패시브 방식을 조합한 RealD 방식이 있습니다. RealD 방식에서는 좌우 영상을 한 대의 프로젝터에 입력하여 144Hz의 프레임 시퀀셜로 투영합니다. 프로젝터의 전면에는 액정 모듈레이터를 설치하여 좌우 영상의 변경 시점에 동기를 맞춰 편광의 방향을 바꿉니다. 프레임 시퀀셜로 송출하여 액정 모듈레이터를 투과한 영상을 실버 스크린에 투영하고 편광 필터 안경을 이용해 좌우의 눈에 분할 제시합니다. 이 방식에서는 한 대의 프로젝터로 편광 필터 안경을 이용한 입체시를 실현하기 위해 프레임 시퀀셜에 편광의 방향을 전기적으로 바꾸는 구조를 추가했습니다.

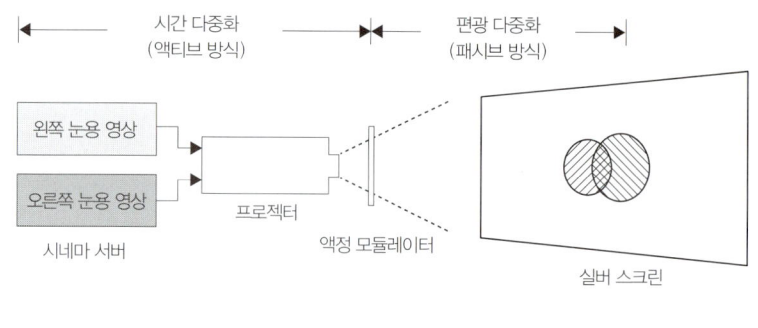

● [그림 2.16] RealD 방식의 원리

● [표 2.2] 영화관에서 사용하는 주요 3D 디스플레이

| 시스템 | 프로젝터 × 개수 | 방식 | 안경 |
|---|---|---|---|
| Dolby 3D | 3판식 DLP × 1 | 파장 다중 | 인피텍 |
| IMAX digital 3D | 3판식 DLP × 2 | 편광 다중 | 직선 편광 필터 |
| XpanD | 3판식 DLP × 1 | 시간 다중 | 액정 셔터 |
| RealD | 3판식 DLP × 1 | 시간 및 편광 다중 | 원 편광 필터 |
| Master Image | 3판식 DLP × 1 | 시간 및 편광 다중 | 원 편광 필터 |

# 03 무안경식

## 패럴랙스 배리어

패럴랙스 배리어(parallax barrier)는 시차를 발생시키기 위한 장벽을 의미하는데, 실제로는 수직 방향의 세세한 슬릿(slit) 집합을 수평 방향으로 배치하여 장벽을 대신합니다. 1902년 Ives가 패럴랙스 배리어의 원리를 제안했습니다.

이 방식에서는 양안시차가 포함된 좌우 영상을 하나의 화면에 수직 1라인씩 교대로 배치하고 전면에 배리어를 설치합니다. 이때 배리어는 배치된 영상과 같은 주기로 배치하며, 슬릿의 열린 부분은 영상의 수직 1라인과 같은 시야각으로 설정합니다. 이것을 특정한 거리에서 관찰하면 배리어의 경우 오른쪽 눈에서는 왼쪽 영상을, 왼쪽 눈에서는 오른쪽 영상을 각각 차단하여 좌우의 눈에 좌우 영상을 분할 제시하는 장벽이 됩니다.

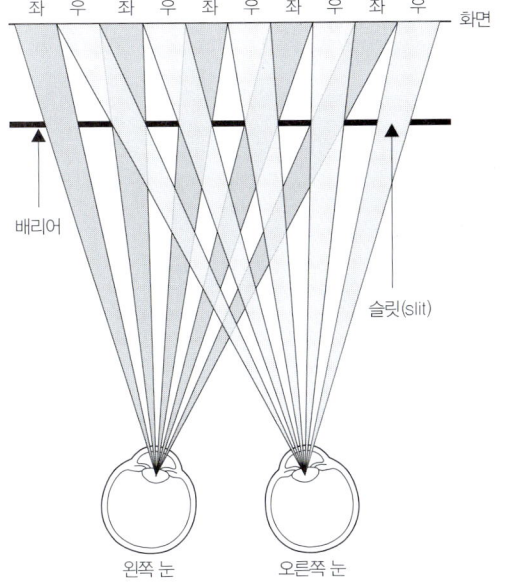

● [그림 2.17] 패럴랙스 배리어의 원리

패럴랙스 배리어는 배리어에 의해 화면이 어두워지고, 배리어 자체가 눈에 거슬리며, 수평 해상도가 반감하고, 관찰 위치가 한정되는 점 등의 문제점이 있습니다. 이것에 대한 개선책으로 디스플레이 백라이트의 밝기를 조절하고, 스텝 배리어에 의해 해상도 감소를 수평 및 수직 방향으로 균등화하며, 스위치 액정을 이용한 배리어를 화면의 뒤쪽에 배치해서 2D 디스플레이와의 호환성을 유지하는 것 등을 시도하고 있습니다.

• [그림 2.18] 스텝 배리어의 구조

왼쪽 눈용의 열린 부분의 예     각 화소의 시점

• [그림 2.19] 스위치 액정을 이용한 패럴랙스 배리어의 동작 ①

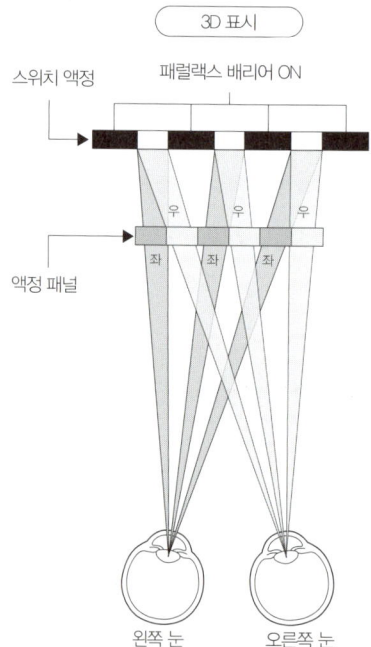

● [그림 2.19] 스위치 액정을 이용한 패럴랙스 배리어의 동작 ②

관찰 위치의 한정은 적절한 관찰 위치에서 수평 방향으로 일정 범위를 벗어나면 입체 영상이 분리되거나 제대로 보이지 않는다는 의미입니다. 수평 방향의 차이가 커질수록 좌우 영상이 원활하게 분할되지 않습니다. 그리고 동공 간격의 1/2 차이로 크로스토크가 최대가 되고, 동공 간격 분의 차이로 좌우 영상이 반대로, 즉 오른쪽 영상을 왼쪽 눈에 제시하는 상태가 발생합니다. 이 문제를 해결하기 위해 '다안식(multi-view)'이라는 시점 수가 증가하거나 헤드 트래킹 등을 검토하고 있습니다.

다안식

패럴랙스 배리어는 디스플레이에 간단하게 장착할 수 있는 구조로, 휴대폰과 휴대게임기 등 소형 3D 디스플레이를 중심으로 현재도 이용하고 있습니다.

## 렌티큘러

렌티큘러(lenticular)는 '렌즈 상태의'라는 의미로, 실제로는 반원통형의 렌즈가 연이어 있는 렌즈를 가리킵니다. 1912년 Hess는 렌티큘러의 원리에 대한 특허를 출원했습니다. 패럴랙스 배리어처럼 렌티큘러의 후방에 양안시차가 포함된 좌우 영상을 하나의 화면에 수직 1라인씩 교대로 배치합니다. 렌티큘러는 시선이 화면에 도달하는 위치를 변화시키는 프리즘 역할과 렌즈의 초점을 화면에 맞추는 역할을 합니다. 또한 수직 1라인분의 영상을 반원통형 렌즈 하나의 수평 방향에 최대한 확대하는 볼록렌즈의 기능도 있습니다.

이것을 특정 거리에서 관찰하면 오른쪽 눈의 시선은 오른쪽 영상에 도달하고, 오른쪽 눈용 영상의 각 수직 라인이 렌즈 전체 영역에 걸쳐 확대됩니다. 왼쪽 눈에서도 똑같이 작용하여 좌우의 눈에 분할 제시할 수 있습니다.

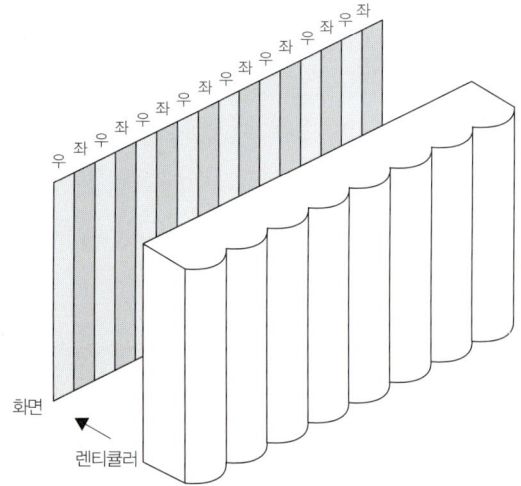

● [그림 2.20] 렌티큘러의 외관과 화면 구성

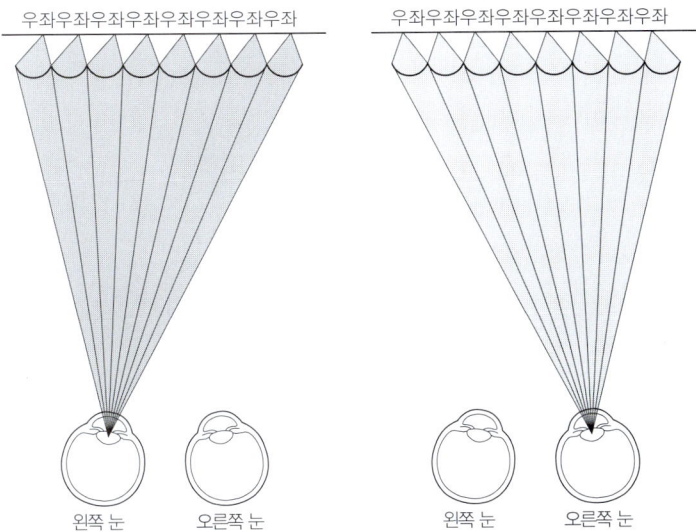

[그림 2.21] 렌티큘러의 원리

렌티큘러에서는 배리어 대신 렌즈를 이용해서 영상이 어두워지는 패럴 랙스 배리어의 문제점을 개선했습니다. 하지만 해상도의 반감 및 관찰 위치가 한정되는 문제점은 해결되지 않았기 때문에 양안식보다 다안식 에서 유효한 방식입니다. 현재 렌티큘러는 3D 트레이딩 카드나 3D 포스 터 등 인쇄 분야에서 널리 사용하고 있습니다.

### 참고 문헌

S. A. Benton "Selected Papers on Three-Dimensional Displays", SPIE:The International Society for Optical Engineering(2001)

LESSEON 03

# 3D 콘텐츠 촬영하기

· 3D 촬영의 기초
· 촬영 및 제시 조건으로 발생하는 아티팩트
· 3D 촬영 시스템
· 다양한 3D 촬영 방법

**제** 2장에서 소개한 3D 디스플레이에 표시하는 콘텐츠는 오른쪽 눈용과 왼쪽 눈용의 좌우 영상으로 구성됩니다. 일반적으로 3D 콘텐츠의 촬영에는 좌우 두 대의 카메라를 사용하며, 촬영 및 제시 조건은 콘텐츠의 품질에 큰 영향을 끼칩니다. 따라서 제작에 들어가기 전에 촬영 조건과 재생하는 3D 공간과의 관계, 그리고 3D의 특유한 현상 등을 미리 이해할 필요가 있습니다. 여기서는 촬영 및 제시 조건 등으로 생기는 특유한 현상을 '아티팩트(artifact)'라고 합니다. 이 장에서는 3D 촬영의 대표적인 방법과 기본적인 파라미터, 아티팩트를 살펴보면서 실제로 사용하는 촬영 시스템 및 촬영 방법에 대해서도 소개합니다.

아티팩트

# 01 3D 촬영의 기초

##  3D 촬영의 원리

3D 촬영에서는 오른쪽 눈용과 왼쪽 눈용의 두 대의 카메라를 사용합니다. 하지만 단지 이것들을 연달아 배치하면 끝나는 것이 아니라 어떻게 배치할지가 중요합니다. 우선 3D 촬영의 기본 파라미터로서 기선장(基線長, interaxial)과 광축(光軸, optical axis)의 방향이 있습니다. 이 중에서 기선(基線)은 삼각 측량에서 자주 사용하는 용어로, 삼각형의 기준이 되는 한 변을 의미합니다. 이 길이를 '기선장'이라고 하며, 기선장이 결정되면 삼각형을 만드는 다른 한 점까지의 거리를 구할 수 있기 때문에 카메라 등의 거리 측정 기능을 나타내는 용어로도 사용합니다. 3D 촬영에서 기선장은 두 대의 카메라 렌즈 중심의 간격을 말하며, 삼각 측량의 기선처럼 중요한 파라미터로 입체감을 좌우합니다. 이것은 '카메라 간격' 또는 '스테레오 베이스'라고도 부르고, 간격과 비례하여 좌우 영상의 시차가 커집니다. 또한 광축은 빛의 방향을 의미하며 이 방향에 의해, 다음에 설명할 '교차법'과 '평행법'으로 나눌 수 있습니다.

3D는 촬영 조건뿐만 아니라 제시 조건에 의해 다르게 보입니다. 예를 들어 2D에서는 화면 크기가 커지면 영상만 확대되지만, 3D에서는 깊이 방향의 공간 재생에도 차이가 생깁니다. 또한 시거리(視距離, viewing distance)의 변화도 깊이 방향의 공간에 변화를 줍니다. 그리고 양안의 간격을 '동공 간격(瞳孔間隔, inter pupildisparity;IPD)'이라고 하지만 이것도 깊이 지각에 영향을 줍니다. 동공 간격에는 개인차가 있는데, 특히 어른과 어린이는 크게 다르기 때문에 입체 영상의 대상 연령을 정할 때는 배려가 필요합니다.

기선장

광축

화면 크기

시거리

동공 간격

- [그림 3.1] 3D 촬영의 기본 파라미터

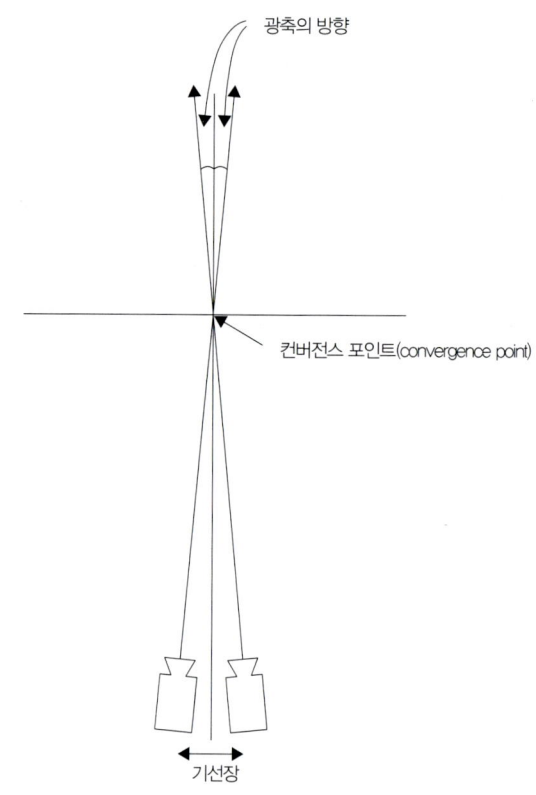

- [그림 3.2] 제시 조건의 기본 파라미터

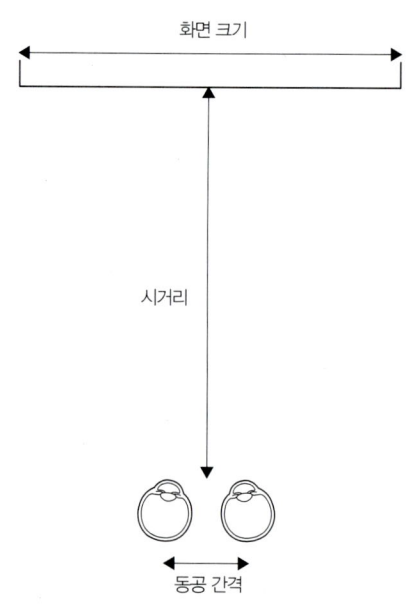

3D 촬영에서는 좌우 카메라의 모든 조건을 일치시키는 것이 중요합니다. 좌우 영상의 사이에 수직 방향의 차이 및 회전, 크기의 차이 등은 앞장에서 설명한 것처럼 양안시가 어려워지고 위화감 및 피로감의 지각으로 연결됩니다. 하지만 카메라 렌즈 등은 한 대 한 대 개별적으로 다르기 때문에 광축의 중심 및 초점거리를 완벽히 일치시키는 것은 아주 어렵습니다. 따라서 본격적인 3D 촬영에서는 제조 번호가 가까운 렌즈나 여러 대 중에서 조건이 가까운 카메라를 한 쌍으로 선택하는 등의 노력을 하고 있습니다. 그리고 촬영 전에 좌우 카메라의 제반 조건을 맞추는 조정 작업에서는 다음의 사항을 일치시키는 것이 중요합니다.

조정

- 화이트 밸런스
- 감도
- 셔터 스피드
- 카메라 앵글
- 조리개
- 클록(clock), 젠록(genlock)
- 프레임레이트(frame rate)

## 교차법

교차법(toed-in camera configuration)은 좌우 카메라의 광축을 교차시키는 촬영법입니다. 대상을 볼 때 폭주가 발생하여 시선이 모이는 것을 생각하면 자연스러운 시선에 가까운 촬영법이라고 할 수 있습니다. 카메라 광축의 교점을 '컨버전스 포인트(convergence point)'라고 하는데, 컨버전스 포인트에서는 차이가 0(zero)이므로 이 위치가 화면에서도 재생하는 포인트가 됩니다. 즉 컨버전스 포인트를 피사체에 설정하면 화면에서 재생하는 피사체의 컨버전스 포인트 부분이 2D가 되며, 그 외의 부분은 튀어나오거나 들어간 3D가 됩니다.

교차법에서 컨버전스 포인트를 극단적인 위치에 설정하면 시차가 너무 커질 수 있습니다. 예를 들어 컨버전스 포인트를 매우 가까운 쪽에 설정하고 먼 거리를 촬영하면 먼 거리의 좌우 영상은 전혀 다른 이미지가 되어 입체로 볼 수 없게 됩니다. 또한 교차법에서는 나중에 설명할 '키스톤 왜곡'이라는 아티팩트가 생기므로 교차법에서 촬영한 영상은 편집할 때 보정해야 합니다.

• [그림 3.3] 교차법의 컨버전스 포인트 설정하기 ①

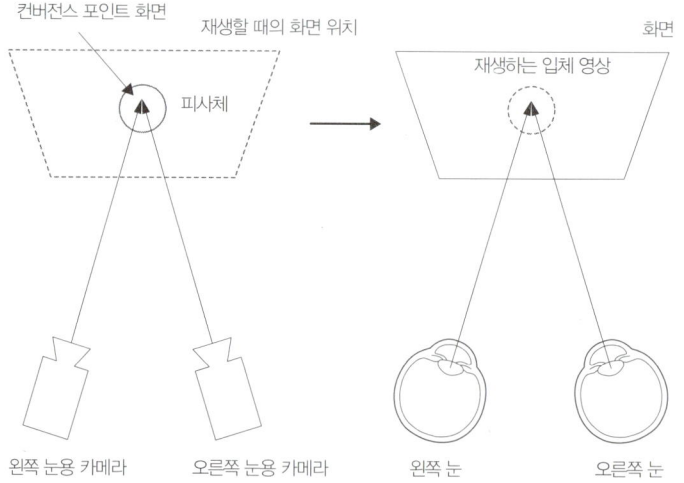

컨버전스 포인트를 피사체에 설정하면 입체 영상은 화면에서 2D로 재생됩니다.

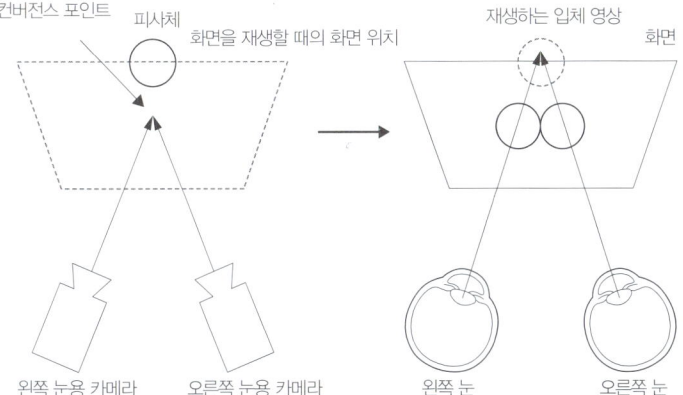

컨버전스 포인트를 피사체의 앞에 설정하면 입체 영상은 화면의 안쪽에서 재생됩니다.

• [그림 3.4] 교차법의 컨버전스 포인트 설정하기 ②

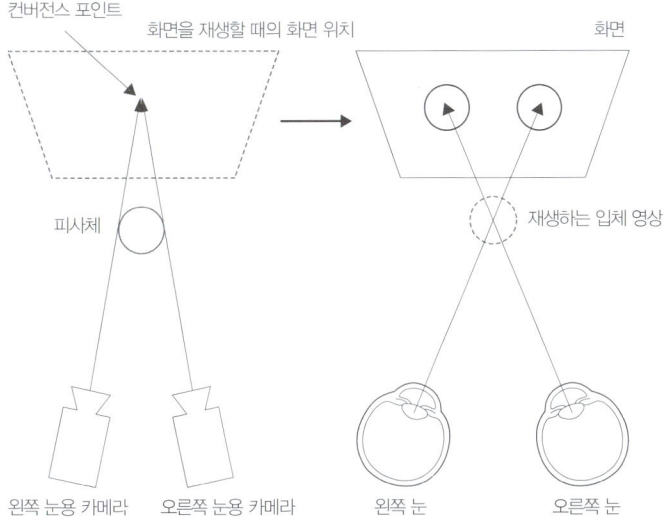

컨버전스 포인트를 피사체의 뒤쪽에 설정하면 입체 영상은 화면의 앞쪽에서 재생합니다.

• [그림 3.5] 교차법의 컨버전스 포인트 설정하기 ③

컨버전스 포인트는 재생하는 입체 영상의 크기에도 영향을 미칩니다. 컨버전스 포인트가 변하는 것은 양안 입체 정보, 즉 양안시차와 폭주가 변하는 것을 의미합니다. 따라서 카메라의 초점거리나 피사체까지의 거리 등은 일정한 상태를 유지한 후 컨버전스 포인트를 변화시키면 단안 입체 정보는 그대로인 상태에서 양안 입체 정보만 변합니다. 왜냐하면 피사체의 망막상의 크기는 바뀌지 않지만, 양안 입체 정보로 깊이감이 변하기 때문입니다. 망막상의 크기가 같아도 깊이감이 다르면 크기가 다르게 느껴집니다. 즉 [그림 3.6]에서 제시한 것처럼 컨버전스 포인트를 화면의 앞쪽에 설정하면 크게, 안쪽에 설정하면 작게 느껴집니다.

• [그림 3.6] 컨버전스 포인트와 입체 영상의 크기

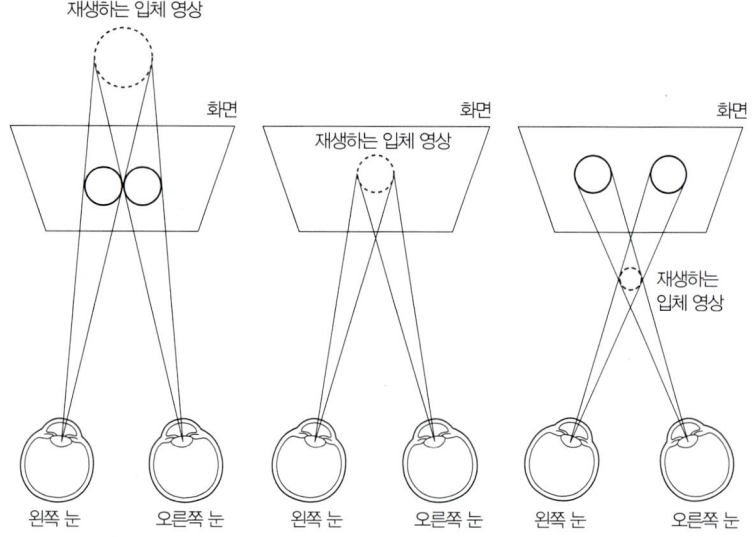

※ 어느 조건이라도 망막상의 크기는 같습니다.

## 평행법

평행법(parallel camera configuration)은 [그림 3.7]과 같이 좌우 카메라의 광축을 평행하게 유지하는 방식입니다. 평행법으로 촬영한 영상을 그대로 제시하면 모든 피사체가 화면의 앞쪽에 나옵니다. 따라서 재생할 때의 화면에서 기선장만큼 좌우 카메라의 중심이 동측(同側) 방향으로 조정되도록 촬영할 때 미리 촬상 소자를 조절하거나 편집할 때 좌우 영상을 조정해야 합니다. 편집할 때의 화면을 좌우로 조정하면 움직인 만큼 결손 부분이 생기기 때문에 촬영할 때 고해상도로 기록하여 편집할 때 공간을 활용하는 방법으로 대처하기도 합니다. 자주 사용하는 예로 촬영할 때 2K(2048×1080)로 녹화한 후 편집할 때 HD(1920×1080)의 해상도로 작성하는 방법이 있습니다. 평행법에 적절하게 보정하면 교차법보다 왜곡이 적은 공간을 재생할 수 있습니다.

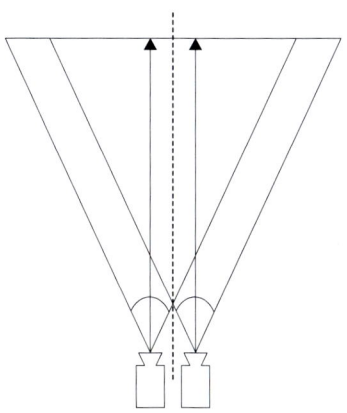

왼쪽 눈용 카메라   오른쪽 눈용 카메라

● [그림 3.7] 평행법에 의해 카메라 설정하기

- **[그림 3.8]** 평행법에서의 보정 이미지

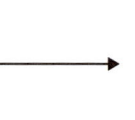
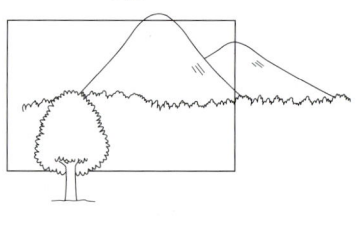

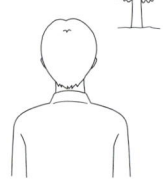
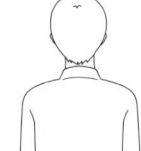

모두의 피사체가 화면 전방에서 재생　　　　　　　화면에서 기선장만큼 동측 방향으로 이동

##  3D 촬영의 이론식과 재생 공간

입체 영상이 이론적인 재생 위치는 촬영 및 제시 조건을 설정하는 것으로 산출할 수 있는데, 여기서는 일반식을 살펴보겠습니다. [그림 3.9]에서는 교차법과 평행법에서의 촬영 파라미터를 가리킵니다. 계산은 촬영할 피사체 좌표에서 촬상 소자 좌표를 산출한 후 화면 좌표에서 재생하는 3D 공간 좌표로 변환하고, 각 좌표를 [표 3.1]과 같이 정의합니다. 단 여기서는 좌우 영상 간에 수직(Y축) 방향의 차이는 없는 것으로 하고 수평(X축) 방향과 깊이(Z축) 방향만 계산의 대상으로 삼습니다.

| 피사체 좌표 | $(X_o, Y_o, Z_o)$ |
|---|---|
| 촬상 소자 좌표 | $(X_{cl}, Y_{cl}), (X_{cr}, Y_{cr})$ |
| 화면 좌표 | $(X_{sl}, Y_{sl}), (X_{sr}, Y_{sr})$ |
| 3D 공간 좌표 | $(X_i, Y_i, Z_i)$ |

• [표 3.1] 각 좌표 정의하기

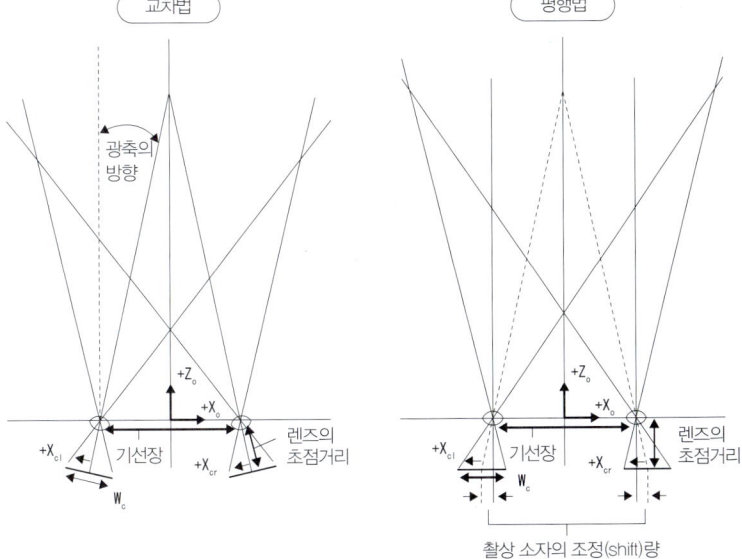

• [그림 3.9] 촬영 조건의 파라미터

① 피사체 좌표에서 촬상 소자 좌표로 변환하기
$(X_{cl}, Y_{cl})$ 및 $(X_{cr}, Y_{cr})$는 촬상 소자 좌표이며, 촬상 소자의 중심을 (0, 0)으로 한 X 좌표, Y 좌표의 중심에서의 거리가 됩니다.

$X_{cl}$ = 초점 심도 × tan [arctan ((기선장+$2X_o$)/$2Z_o$)−광축의 방향]
　　　−촬상 소자의 조정(shift)량 ................................................ (식 3.1)
$X_{cr}$ = −초점 심도 × tan [arctan ((기선장−$2X_o$)/$2Z_o$)−광축의 방향]
　　　−촬상 소자의 조정(shift)량 ................................................ (식 3.2)

② 촬상 소자 좌표에서 화면 좌표로 변환하기
화면에 표시하는 좌표로 변환에서 촬상 소자 좌표의 위치에 화면 크기에 따른 확대율을 곱하여 산출합니다.

$X_{sl}$ = 촬상 소자에 대한 화면 크기의 확대율 × $X_{cl}$ .................. (식 3.3)
$X_{sr}$ = 촬상 소자에 대한 화면 크기의 확대율 × $X_{cr}$ .................. (식 3.4)

③ 화면 좌표에서 3D 공간 좌표
최후에 화면 좌표를 재생하는 3D 공간 좌표로 변환합니다.

$X_i$ = 동공 간격 × ($X_{sl}$+$X_{sr}$)/2(동공 간격−화면에서의 차이량)
........................................................................................ (식 3.5)
$Z_i$ = 시거리 × 동공 간격/(동공 간격−화면에서의 차이량)
........................................................................................ (식 3.6)

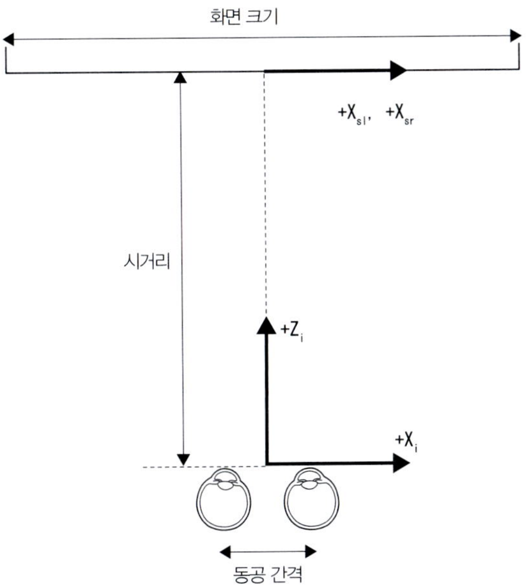

• [그림 3.10] 제시 조건의 파라미터

[그림 3.11]에서는 (식 3.5) 및 (식 3.6)에서 제시하는 교차법과 평행법의 재생 공간을 제시했습니다. 교차법에서는 화면의 가장자리일수록 깊이 방향이 왜곡되고, 중심에서 벗어날수록 피사체는 주변부에서 재생됩니다. 또한 교차법과 평행법 전부, 화면보다 안쪽일수록 재생 공간이 압축됩니다.

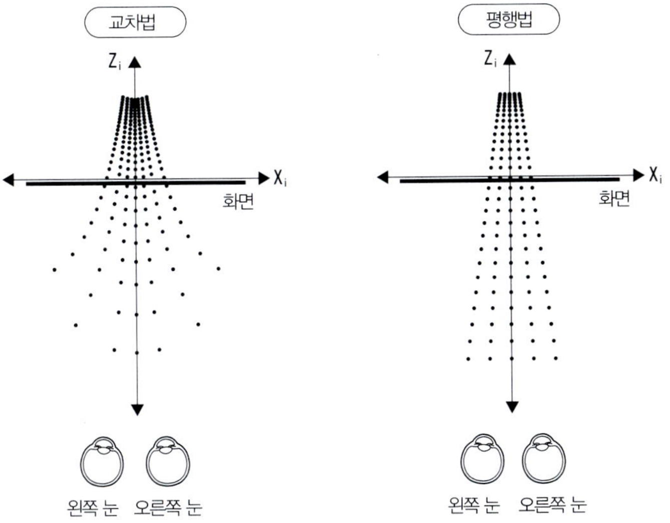

• [그림 3.11] 재생하는 3D 공간

01. 3D 촬영의 기초

## 촬영 및 제시 조건에서의 3D 공간 변화

이론식에 의해 촬영 및 제시 조건을 변화시킬 때 재생하는 3D 공간의 변화를 소개하겠습니다. [그림 3.12]~[그림 3.14]에서는 촬영 조건으로 카메라의 기선장, 광축의 방향으로서 컨버전스 포인트까지의 거리, 그리고 초점거리가 변화될 때의 3D 공간의 영향을 제시했습니다.

● [그림 3.12] 기선장의 변화와 3D 공간

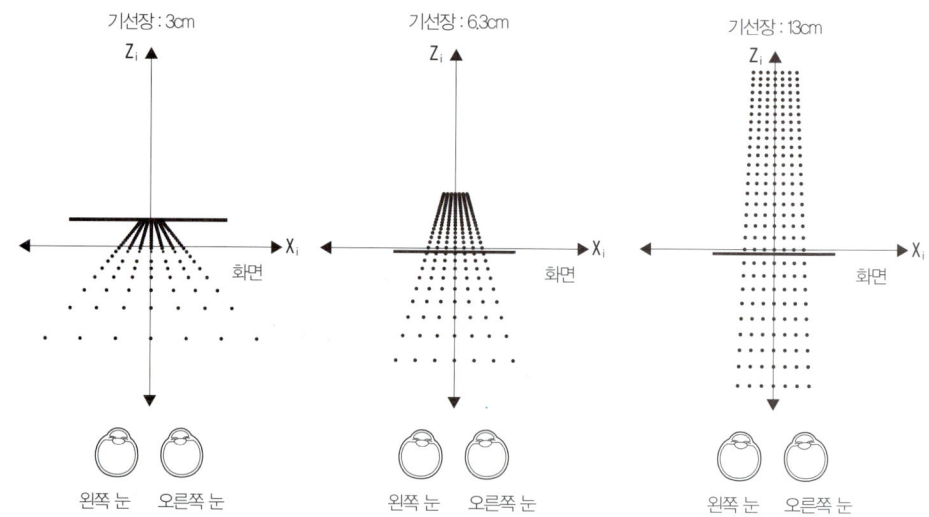

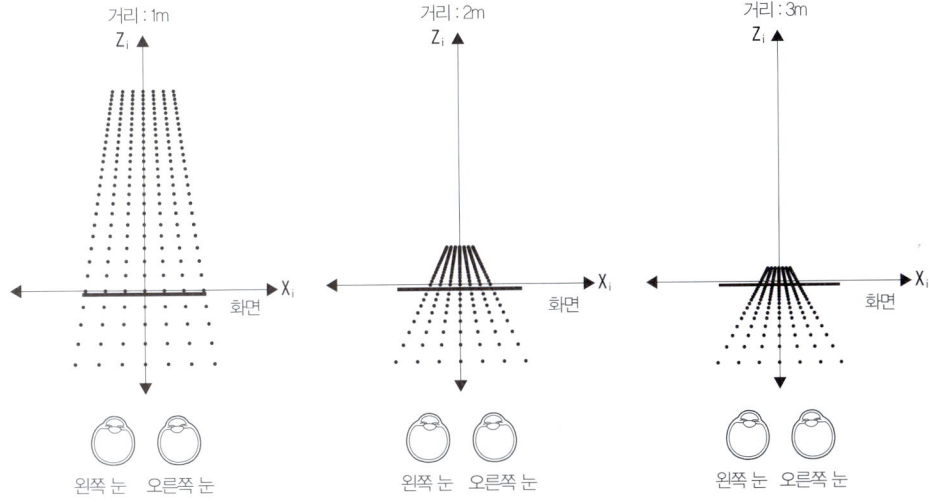

● [그림 3.13] 컨버전스 포인트까지의 거리와 3D 공간

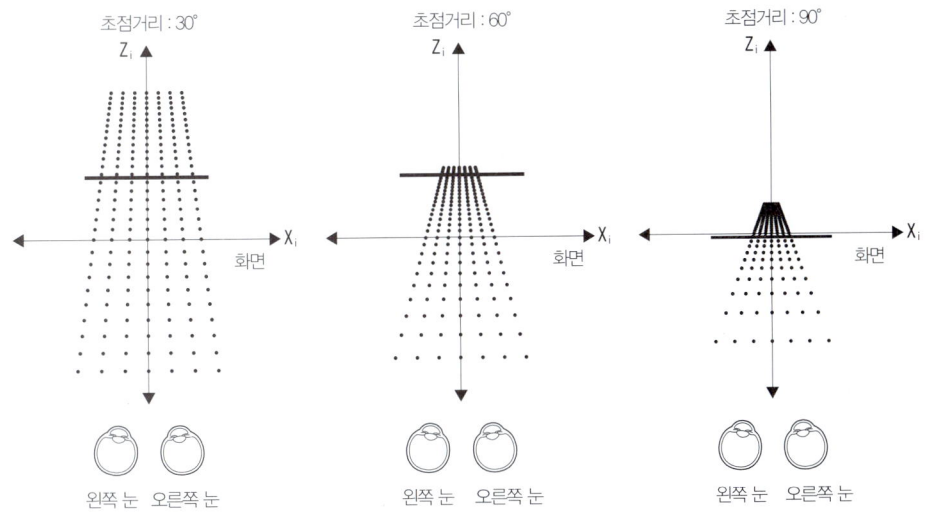

● [그림 3.14] 초점거리의 변화와 3D 공간

[그림 3.15]~[그림 3.17]에서는 제시 조건으로 시거리와 화면 크기, 동공 간격을 변화시킬 때 3D 공간에의 영향을 제시했습니다.

- [그림 3.15] 시거리의 변화와 3D 공간

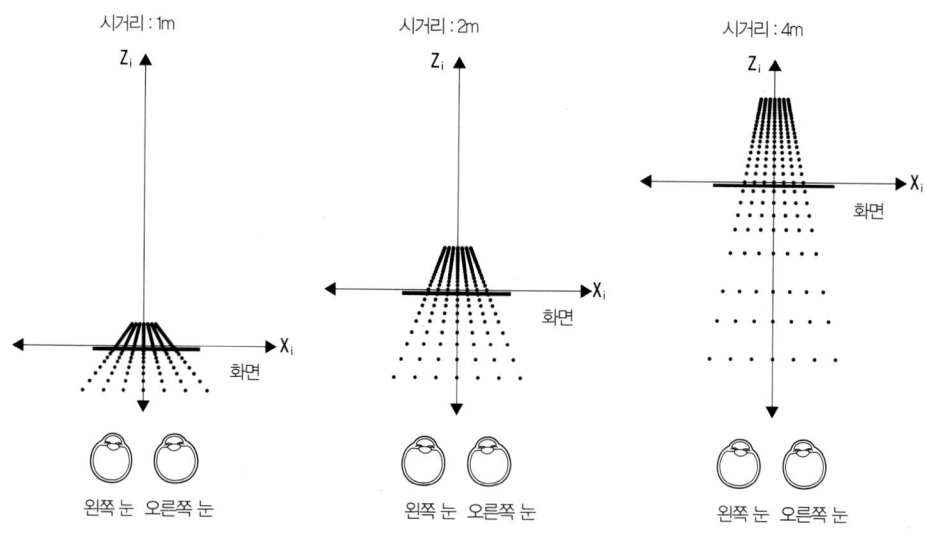

- [그림 3.16] 화면 크기의 변화와 3D 공간

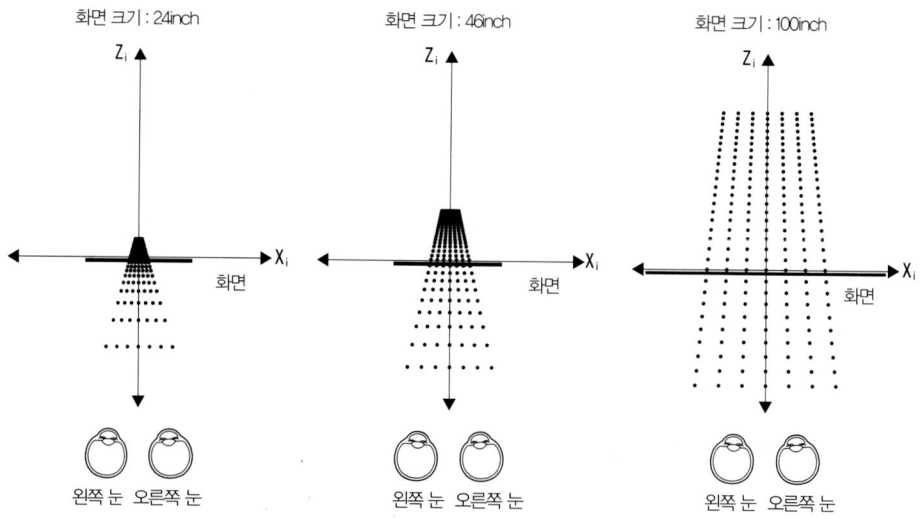

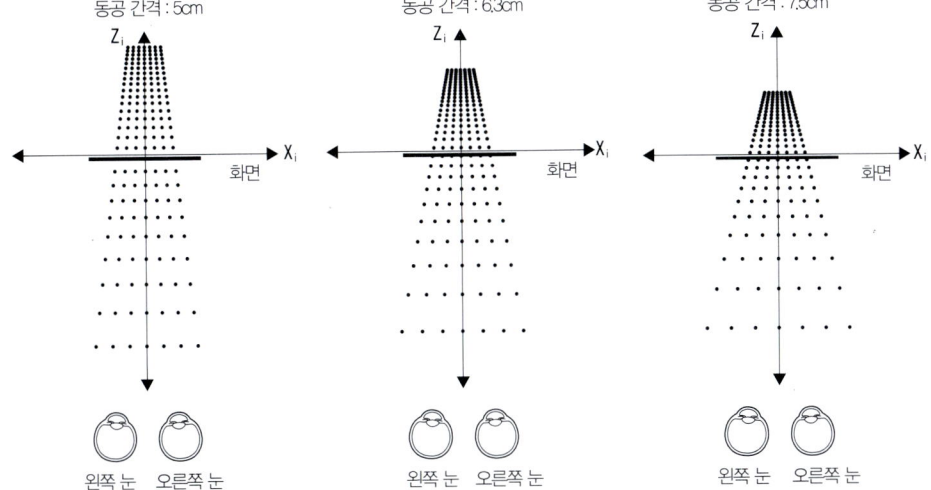

[그림 3.17] 동공 간격과 3D 공간

# 02 촬영 및 제시 조건으로 발생하는 아티팩트

### ◆ 기본 아티팩트

3D에서는 미리 제시 조건을 예상해서 촬영하는 것이 바람직합니다. 촬영과 제시 조건이 맞지 않을수록 재생되는 입체 영상은 더욱 크게 왜곡됩니다. [그림 3.18]은 시거리의 변화가 재생되는 입체 영상에 미치는 영향의 예를 나타냅니다. 옆에서의 관찰도 당연히 재생되는 입체 영상에 영향을 끼치는데, 이것을 '전단 왜곡(shear distortion)'이라고 합니다. 화면의 크기에도 영향을 주는 이것들을 3D의 '기본 아티팩트'라고 합니다. 따라서 3D는 모든 제시 조건을 예상하여 최적화하는 것이 매우 힘들지만, 촬영할 때 예상했던 조건 외의 상황이 발생할 수 있다는 것을 생각해서 가능한 많이 검증하는 것이 중요합니다.

전단 왜곡

- [그림 3.18] 시거리의 변화가 재생되는 입체 영상에 미치는 영향의 예

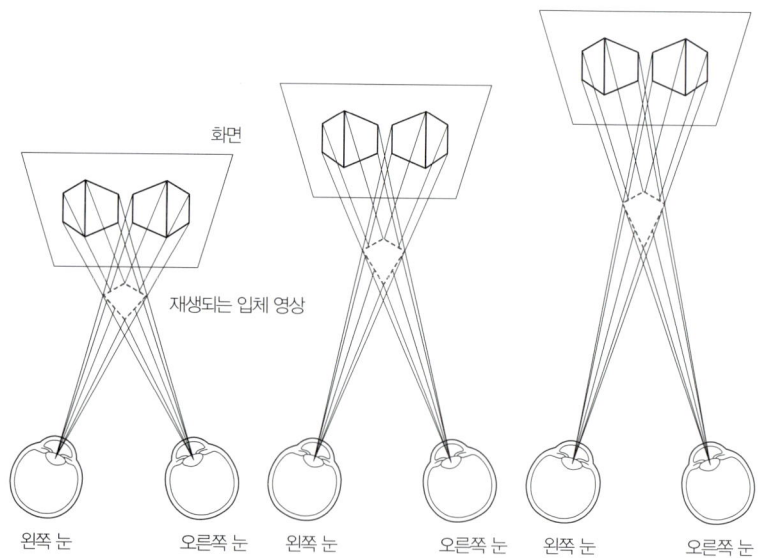

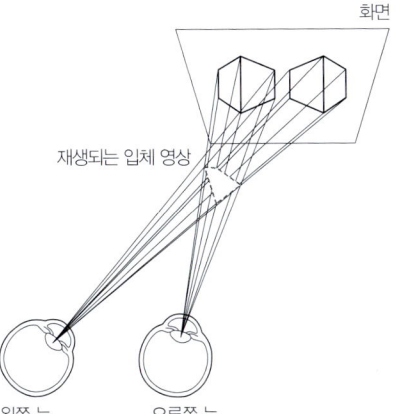

● [그림 3.19] 전단 왜곡의 예

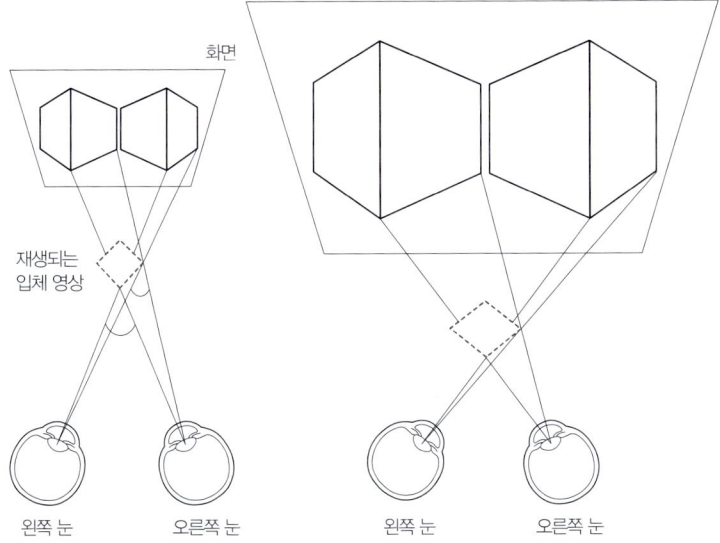

● [그림 3.20] 화면 크기의 변화와 재생되는 입체 영상에 미치는 영향의 예

## ◆ 키스톤 왜곡

키스톤 왜곡(keystone distortion)은 교차법의 특징적인 아티팩트로, 제시된 영상의 주변부가 두드러지게 넓어져서 사다리꼴이 되는 현상을 가리킵니다. 3D에서 키스톤 왜곡은 화면의 주변부에서 좌우 영상이 뒤틀리는 현상으로, 수직 방향의 차이가 생기는 것이 문제입니다.

키스톤 왜곡은 좌우 카메라의 간격이 멀어질수록, 그리고 컨버전스 포인트나 피사체까지의 거리가 가까워질수록 현저해집니다. 이러한 왜곡 현상을 제거하려면 퍼스펙티브(perspective)를 보정해야 하는데, 이 보정량은 촬영 조건에서 구할 수 있습니다.

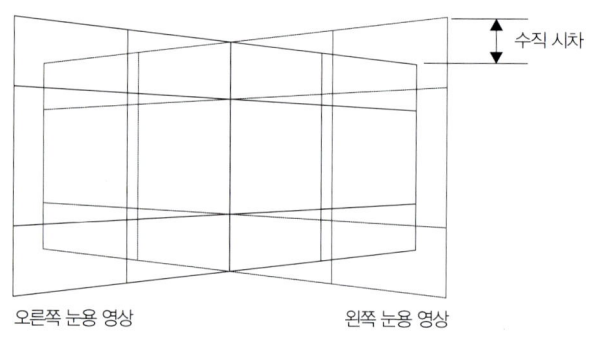

● [그림 3.21] 키스톤 왜곡

## 발산

발산(divergence)은 입체 영상을 상영할 때 가장 먼 곳에서 재생하는 좌우 영상의 화면 차이량이 동공 간격을 넘어서는 것을 의미합니다. 일상 생활에서 좌우 시선이 평행 이상 벌어지는 현상은 거의 발생하지 않지만, 대형 스크린에서 입체 영화를 상영할 때는 먼 대상의 좌우 영상의 거리가 동공 간격을 넘는 장면이 포함되기도 합니다. 이런 상황에서는 시거리가 길어지기 때문에 좌우의 시선이 평행에 가까워지고 폭주를 동반하지 않아도 융합 가능한 범위로 확대되므로 입체로 보입니다. 하지만 좌석의 위치나 개개인의 차이도 영향을 주기 때문에 발산 자체가 생기지 않도록 주의해야 합니다.

일반적으로 평균적인 동공 간격은 6.5cm로 간주되지만, 개인차가 큽니다. 예를 들어 Dodgson(2004년)은 다양한 동공 간격의 통계 데이터의 조사하고 있습니다. 이 중에서 약 4,000명의 성인 남녀를 대상으로 삼은 통계에서는 평균이 6.3cm, 최소 5.2cm, 최대 7.8cm 입니다. 또한 6세 이상의 15세 이하의 어린이의 동공 간격에 대한 통계에서는 최소 4cm라고 보고되었습니다.

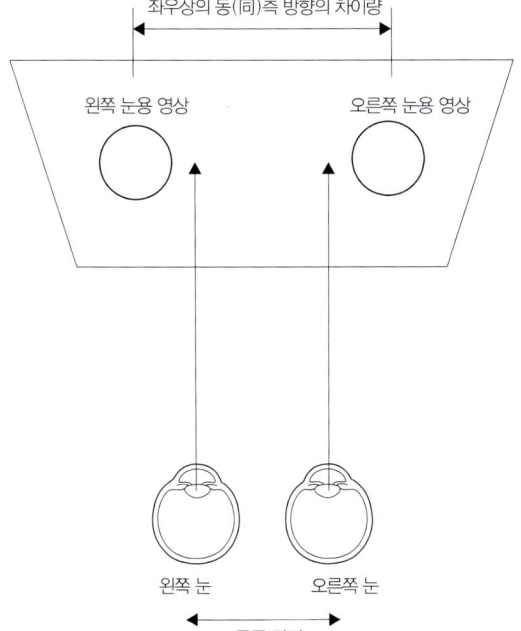

• [그림 3.22] 발산의 예

## 프레임 바이얼레이션

좌우 눈에 보이는 대상의 위치나 형상 등이 크게 다르면 하나의 입체 영상으로 양안시가 어려워지고, 좌우의 망막상을 교대로 지각하는 상태가 되는데, 이러한 상태를 '망막경합(binocular rivalry)'이라고 합니다. 망막경합은 광택이 있는 재질 및 렌즈의 헐레이션(halation) 등에서 현저하게 볼 수 있습니다. 또한 '3D 디스플레이'라는 점에서는 애너그리프 방식에서 생기기 쉬운 현상입니다.

3D 촬영에서는 화면 가장자리의 피사체가 한쪽의 영상에만 기록되는 상태가 발생하기 쉬운데, 이것을 '프레임 바이얼레이션(flame violation)'이라고 합니다. 이러한 현상은 한쪽 눈에서만 보여지는 대상이 화면의 앞쪽에서 재생할 때 생기고, 화면 안쪽에서 재생할 때는 기본적으로 발생하지 않습니다.

영화관처럼 화면의 시야각이 크면 비교적 알아차리기 어려운 현상이지만, 화면의 크기가 작아지면 현저해집니다. 프레임 바이얼레이션을 해결하려면 한쪽의 영상에 기록되지 않고 있는 영역을 가상의 창문처럼 가리는 플로팅 윈도(floating window)를 이용할 수 있습니다.

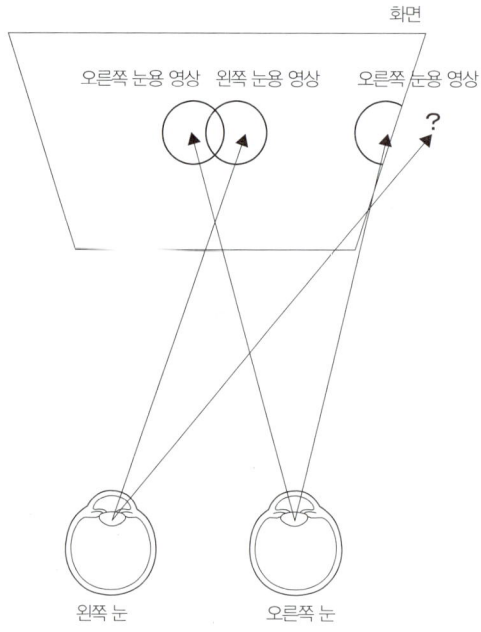

- [그림 3.23] 프레임 바이얼레이션의 예

프레임 바이얼레이션이 발생할 경우

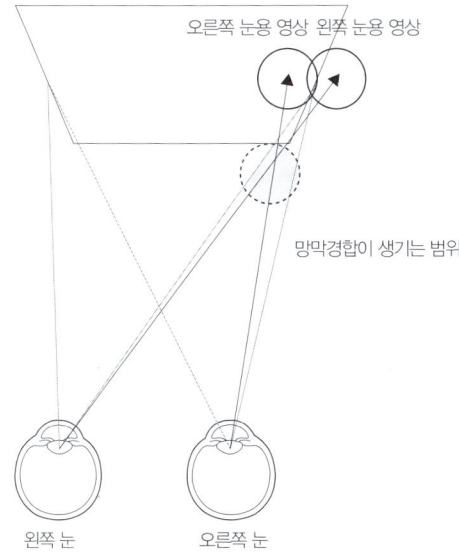

플로팅 윈도를 사용했을 경우

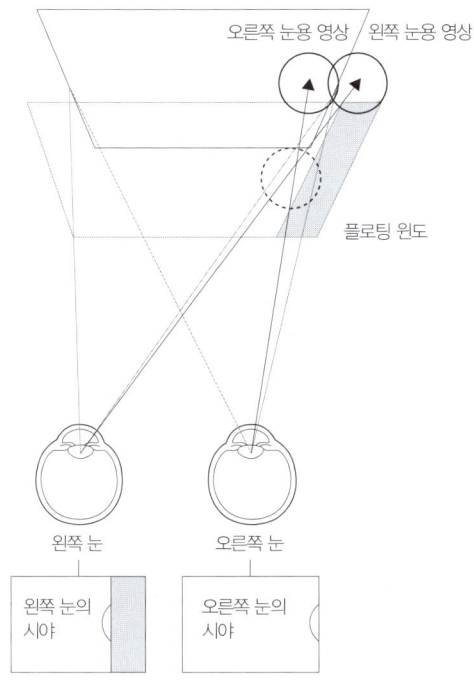

● [그림 3.24] 플로팅 윈도의 예

## 인형극장 효과와 카드보드 효과

인형극장 효과

인형극장 효과(puppet theater effect)는 재생하는 입체 영상이 미니어처와 같이 실물보다 작게 느껴지는 현상입니다. 촬영할 때 좌우 카메라의 초점거리를 일정하게 유지하고 컨버전스 포인트를 변화시키면 입체 영상의 크기가 변합니다. 즉 망막상의 크기가 같은 조건에서 양안 입체 정보만 변하는 것으로, 입체 영상의 크기가 변한 것처럼 인지됩니다. 인형극장 효과도 이러한 크기의 변화가 현저하게 생긴 결과입니다. 인형극장 효과는 입체감을 강조할 때 쉽게 생기기 때문에 경감 방법으로 입체감을 너무 강조하지 않거나 지나치게 줌업하는 것을 피해야 합니다.

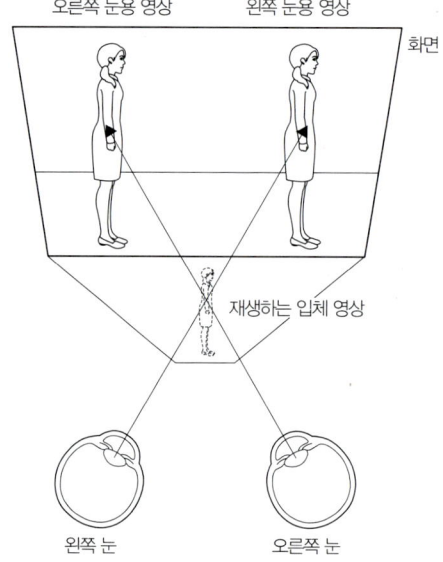

• [그림 3.25] 인형극장 효과의 예

카드보드 효과(cardboard effect)는 피사체 간의 전후 관계를 비교해서 피사체 자체가 얇아서 마치 카드처럼 느껴지는 현상입니다. 이것은 피사체 간의 전후 관계를 강조했을 때 쉽게 발생합니다. 피사체까지의 촬영 거리가 너무 길거나 재생할 때의 시거리가 너무 짧으면 피사체 자체의 깊이감이 부족해집니다. 또한 피사체 간의 깊이 방향의 간격을 지나치게 설정하지 않는 등 구도에 의한 경감 방법을 생각할 수 있습니다.

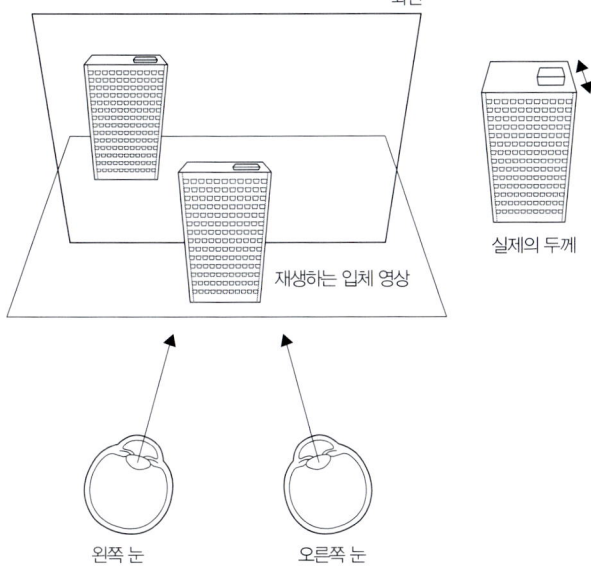

● [그림 3.26] 카드보드 효과의 예

[그림 3.27]은 실공간의 깊이 거리와 재생하는 3D 공간의 깊이감의 사이에 1 대 1로 대응하는 상태를 나타냅니다. [그림 3.28]과 [그림 3.29]에서는 인형극장 효과와 카드보드 효과의 대응 관계를 제시했습니다.

- [그림 3.27] 실공간과 3D 공간에 대한 깊이 정보의 1 대 1 상응

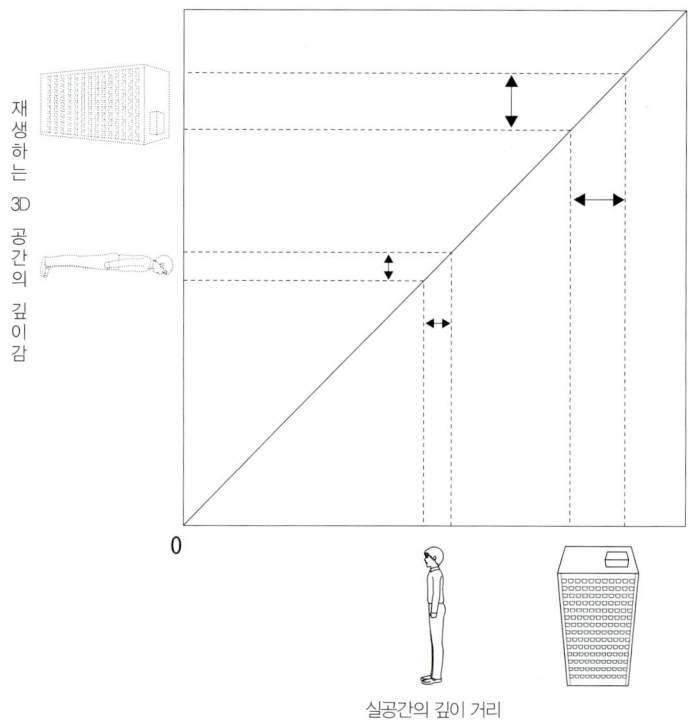

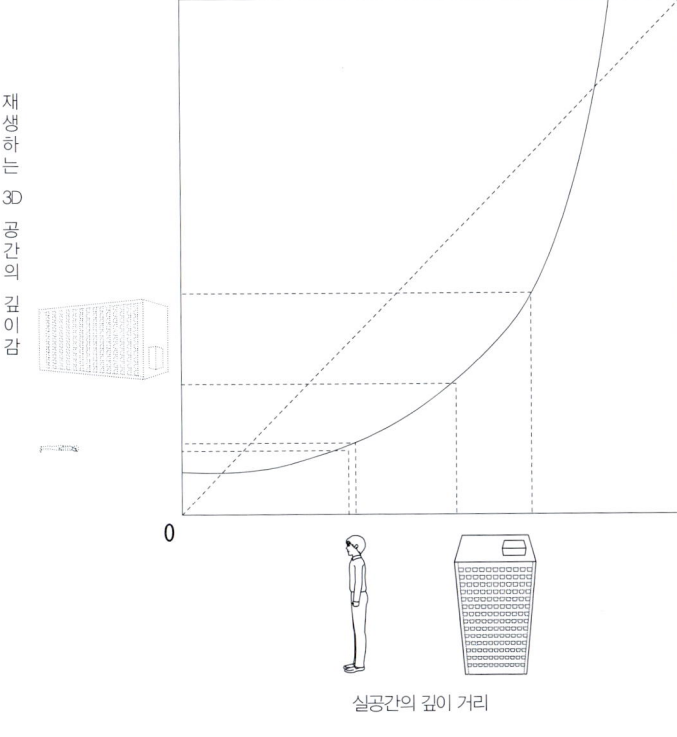

● [그림 3.28] 인형극장 효과의 깊이 정보 대응 관계의 예

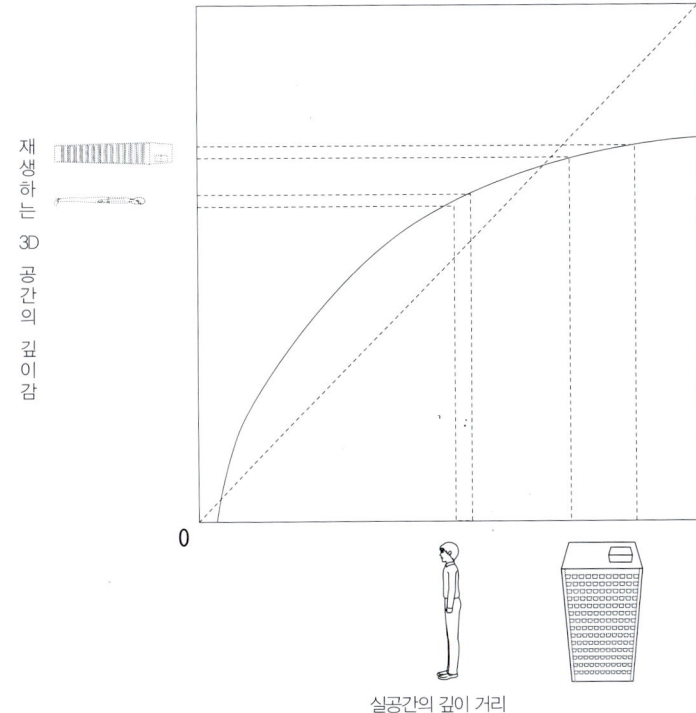

● [그림 3.29] 인형극장 효과의 깊이 정보 대응 관계의 예

02. 촬영 및 제시 조건으로 발생하는 아티팩트

## 역입체

3D에서는 재생할 때의 오류로 좌우 영상을 반대로도 제시하는데, 이것을 '역입체(pseudo stereoscopic)'라고 합니다. 이 상태는 좌우 입체 정보가 반전되는 것으로, '좌우 반전'이라고도 하며, 재생하는 입체 영상에서 대상의 전후 관계도 반전시키기 때문에 영상에 위화감이 느껴지기도 합니다. 3D 디스플레이에 따라 좌우 영상의 위치를 간단히 바꾸는 기능도 있으므로 재생하기 전에 확인해야 합니다.

한편 역입체는 뜻밖에 잘 알아차리지 못하기도 합니다. 이것은 인간의 기억 등이 반전시킨 양안 입체 정보보다 강하게 작용하기 때문인데, 특히 얼굴 모양에 현저하게 나타납니다. 예를 들어 얼굴 모양의 가면을 뒷면에서 보아도 앞면으로 보이는 하로 마스크 착시(hollow mask illusion)가 있습니다. 이렇게 역입체를 알아차리기 어려운 대상 및 조건이 있기 때문에 관찰할 때 이유 없이 위화감 및 불쾌감을 느낀다면 현재의 화면이 제대로 된 입체인지 확인해야 합니다.

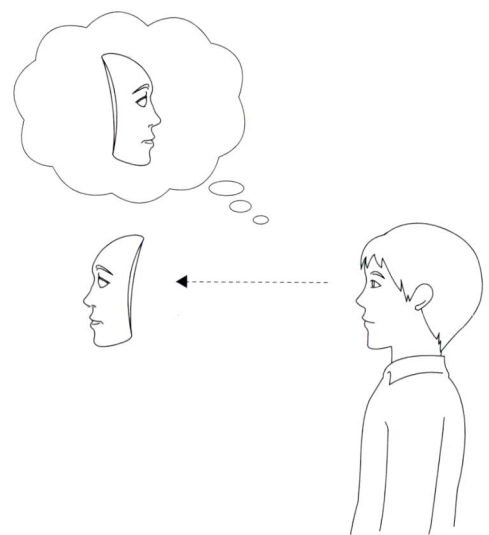

- [그림 3.30] 하로 마스크 착시의 예

# 03 3D 촬영 시스템

3D 촬영에서는 좌우의 카메라를 설치한 후 다양하게 조정할 수 있는 특수 장비가 필요한데, 이것을 '스테레오 리그(stereo rig)'라고 합니다. 카메라를 수평으로 두 대 설치할 수 있는 스테레오 리그는 '사이드 바이 사이드 리그(side by side rig)'라고 합니다. 사이드 바이 사이드 리그는 좌우 카메라의 상태를 직관적으로 파악할 수 있지만, 카메라 본체의 크기에 따라 최단의 기선장이 매우 길어집니다. 따라서 '하프 미러(half-silvered mirror)'나 프리즘을 사용한 '빔 스플리터 리그(beam-splitter rig)'라는 스테레오 리그도 사용합니다.

빔 스플리터 리그에 의해 카메라 본체의 크기가 커도 기선장을 0에 가깝게 짧게 할 수 있습니다. 한편 하프 미러를 사용하기 때문에 영상이 어두워지거나, 좌우 영상에서 빛의 반사각이 차이가 있거나, 시스템이 커지는 문제점도 있습니다. 이 책의 집필 시점(2010년 8월)을 기준으로 사용 실적이 많은 스테레오 리그에는 3ality Digital LLC.의 3D 카메라 시스템, 3flex가 있습니다. 3flex에는 사이드 바이 사이드 리그, 빔 스플리터 리그의 양쪽을 준비하고 있습니다.

> 스테레오 리그
>
> 사이드 바이 사이드
>
> 하프 미러
>
> 빔 스플리터 리그

사이드 바이 사이드 리그(TS-4)

빔 스플리터 리그(TS-2)

● [그림 3.31] 3flex(제공 : 3ality Digital LLC.)

사이드 바이 사이드 리그, 빔 스플리터 리그 중에서 스테레오 리그로 사용하여 대규모 시스템이 되려면 정확하게 조정해야 하므로 편리성을 고려하여 좌우의 카메라를 하나로 통합한 촬영 시스템을 개발하고 있습니다. 이 책의 집필 시점(2010년 8월)을 기준으로 파나소닉주식회사의 3D 카메라 리코더, AG-3DA1은 최신 기종의 하나입니다. 이 카메라에서는 기선장을 고정시키면서 컨버전스 포인트를 제어할 수 있습니다.

- [그림 3.32] AG-3DA1(제공 : 파나소닉주식회사)

후지필름주식회사의 FinePix REAL 3D W1은 최초의 일반 사용자용 3D 디지털카메라로 시판되었습니다. 이 카메라에서는 뒷면의 액정 모니터로 무안경식 3D 디스플레이를 사용했기 때문에 입체감을 확인하면서 촬영할 수 있습니다.

- [그림 3.33] FinePix REAL 3D W1(제공 : 후지필름주식회사)

# 04 다양한 3D 촬영 방법

## 팬토그램

팬토그램(phantogram)은 수평으로 설치된 화면에서 입체 영상이 일어서 있는 것처럼 표현하는 방법입니다.

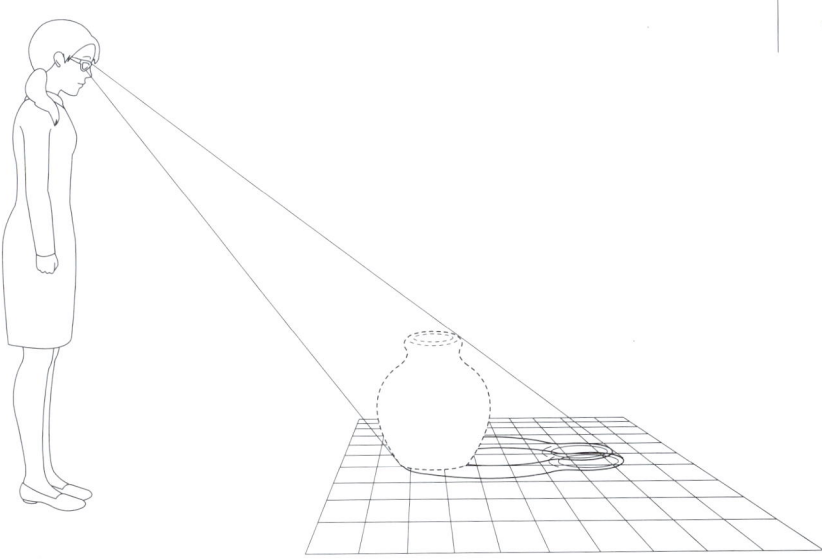

● [그림 3.34] 팬토그램의 이미지

팬토그램은 관찰할 때의 각도로부터 반대로 계산해서 촬영합니다. 일반적으로 적정 시거리에서 카메라의 각도를 45°로 기울여서 촬영하며, ±30° 정도까지 유효합니다. 렌즈는 관찰할 때의 시야각과 카메라의 초점거리가 일치하도록 설정합니다.

실제로 촬영하면 [그림 3.35]와 같이 퍼스펙티브(perspective)를 포함한 좌우 영상이 얻어집니다. 팬토그램에서는 [그림 3.36]과 같이 퍼스펙티브를 보정하여 미리 설정한 시거리와 각도로부터 관찰할 경우 눈 앞에 대상이 일어선 것처럼 보입니다. 팬토그램은 주로 인쇄물에서 사용하고 있으며, 애너그리프 방식으로 많이 제작합니다.

- [그림 3.35] 퍼스펙티브를 포함한 좌우 영상

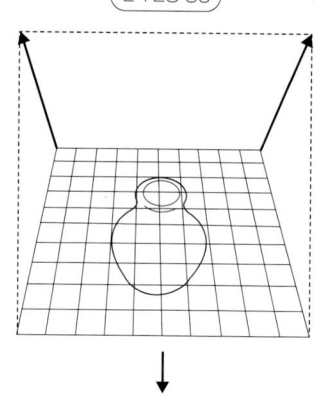
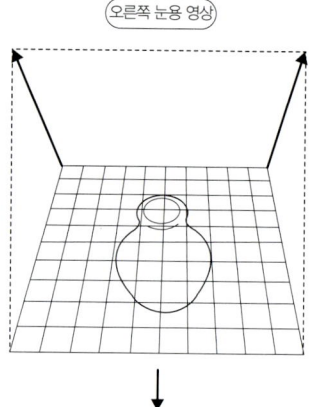

- [그림 3.36] 퍼스펙티브를 보정한 좌우 영상

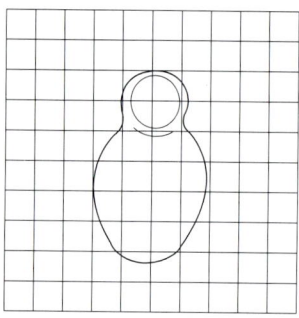
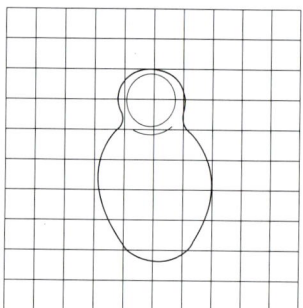

## 하이퍼 스테레오

평균 동공 간격보다 기선장이 긴 조건에서 촬영한 3D를 '하이퍼 스테레오(hyperstereo)'라고 합니다. 제2장에서 양안시차나 폭주는 가까운 쪽으로 유효하다고 말했습니다. 따라서 평균 동공 간격 정도의 기선장에서는 먼 곳의 구름 및 산 등을 3D로 촬영해도 양안시차는 거의 포함되지 않습니다. 그러므로 하이퍼 스테레오에서는 피사체까지의 거리에 따라서 기선장을 길게 하여 평소에는 깊이가 느껴지지 않는 먼 곳의 대상을 입체적으로 표현할 수 있습니다. 단 하이퍼 스테레오에서 촬영할 경우 가까운 쪽에 피사체가 있으면 과잉 양안시차로 표현되므로 주의하세요. 하이퍼 스테레오는 군사 분야에서도 연구 대상이 되고 있습니다. [그림 3.37]에서는 먼 곳의 깊이 지각을 강화하기 위해서 HMD에 기선장이 긴 좌우 카메라를 장착했습니다.

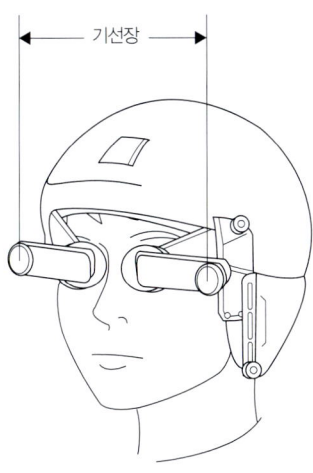

● [그림 3.37] 하이퍼 스테레오를 이용한 HMD

## 하이포 스테레오

하이퍼 스테레오와 비교하여 기선장이 평균 동공 간격보다 짧은 조건에서 실시하는 3D 촬영을 '하이포 스테레오(hypostereo)'라고 합니다. 하이퍼 스테레오가 거인의 눈에 해당하는 촬영 조건이라면 하이포 스테레오는 난쟁이 눈의 이미지 촬영이라고 할 수 있습니다. 하이포 스테레오는 육안에서 입체시를 할 수 없는 미소한 3차원 구조를 표현할 때 이용할 수 있습니다. 구체적인 예로는 입체 내시경이 있는데, [그림 3.38]에서는 외경이 11mm로, 기선장이 매우 짧은 것을 알 수 있습니다.

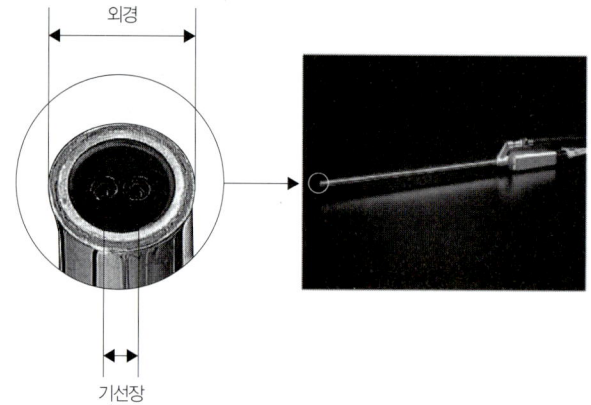

- [그림 3.38] LS-101D(제공 : 유한회사 신코광기제작소)

## 하이퍼 스테레오

평균 동공 간격보다 기선장이 긴 조건에서 촬영한 3D를 '하이퍼 스테레오(hyperstereo)'라고 합니다. 제2장에서 양안시차나 폭주는 가까운 쪽으로 유효하다고 말했습니다. 따라서 평균 동공 간격 정도의 기선장에서는 먼 곳의 구름 및 산 등을 3D로 촬영해도 양안시차는 거의 포함되지 않습니다. 그러므로 하이퍼 스테레오에서는 피사체까지의 거리에 따라서 기선장을 길게 하여 평소에는 깊이가 느껴지지 않는 먼 곳의 대상을 입체적으로 표현할 수 있습니다. 단 하이퍼 스테레오에서 촬영할 경우 가까운 쪽에 피사체가 있으면 과잉 양안시차로 표현되므로 주의하세요. 하이퍼 스테레오는 군사 분야에서도 연구 대상이 되고 있습니다. [그림 3.37]에서는 먼 곳의 깊이 지각을 강화하기 위해서 HMD에 기선장이 긴 좌우 카메라를 장착했습니다.

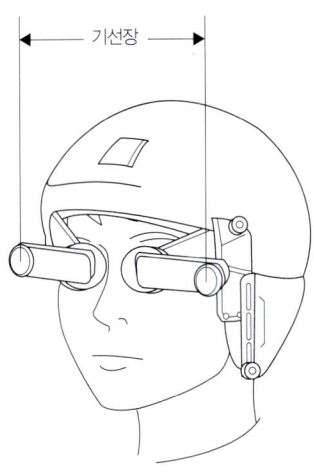

● [그림 3.37] 하이퍼 스테레오를 이용한 HMD

## 하이포 스테레오

하이퍼 스테레오와 비교하여 기선장이 평균 동공 간격보다 짧은 조건에서 실시하는 3D 촬영을 '하이포 스테레오(hypostereo)'라고 합니다. 하이퍼 스테레오가 거인의 눈에 해당하는 촬영 조건이라면 하이포 스테레오는 난쟁이 눈의 이미지 촬영이라고 할 수 있습니다. 하이포 스테레오는 육안에서 입체시를 할 수 없는 미소한 3차원 구조를 표현할 때 이용할 수 있습니다. 구체적인 예로는 입체 내시경이 있는데, [그림 3.38]에서는 외경이 11mm로, 기선장이 매우 짧은 것을 알 수 있습니다.

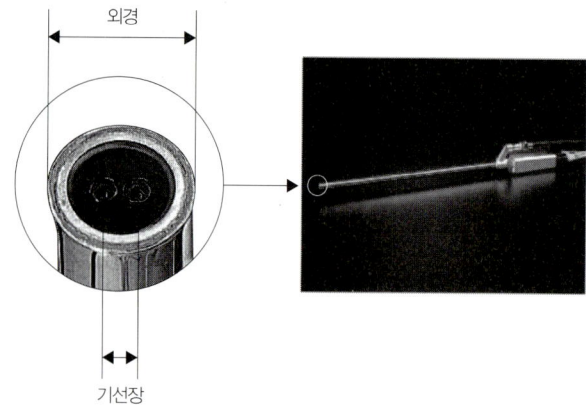

● [그림 3.38] LS-101D(제공 : 유한회사 신코광기제작소)

##  마이크로 입체시

마이크로 입체시(microstereopsis)는 3D 콘텐츠에 포함한 양안시차가 매우 적어도 충분히 깊이감을 얻을 수 있다는 개념입니다. 하이포 스테레오와 닮은 점이 있지만, 마이크로 입체시에서는 일반적인 크기의 피사체를 미소한 시차에서 표현하기 위해 아주 다른 사고 방식으로 접근하고 있습니다. 최근의 3D 콘텐츠에서는 기선장이 동공 간격보다 짧은 장면이 늘어나고 있기 때문에 어떤 의미에서는 마이크로 입체시의 사고 방식에 근접한다고 할 수 있습니다. 소니주식회사의 하이 프레임레이트 단안 렌즈 3D 카메라는 마이크로 입체시의 개념에 적합하면서 미세한 양안시차를 기록할 수 있는 촬영 시스템으로, 기술 개발만 발표되었고, 상품화는 미정입니다.

> 마이크로 입체시

● [그림 3.39] 하이 프레임레이트 단안 렌즈 3D 카메라(제공 : 소니주식회사)

### 참고 문헌

A. Woods, T. Docherty, R. Koch:Image distortions in stereoscopic video systems, SPIE, Vol. 1915, p.36~48(1993)

N. A. Dodgson:Variation and extrema of human interpupillary distance, SPIE, Vol. 5291, p.36~46(2004)

# LESSEON 04

# 2D/3D 변환하기

· 2D/3D 변환의 원리
· 온라인 2D/3D 변환하기
· 오프라인 2D/3D 변환하기
· 2D/3D 변환의 장점
· 2D/3D 변환에 의한 콘텐츠 제작하기
· 2D/3D 변환의 과제

| 블록버스터 |

| 3D 생중계 |

| 2D/3D 변환 |

**최**근에 입체 영화는 '블록버스터(blockbuster)'라는 초대형작이 흥행에 성공하면서 다양한 파급 효과를 가져오고 있습니다. 그 중에서도 가정용 3D TV의 발매는 두드러진 예라고 할 수 있습니다. 하지만 3D의 재생 환경이 정비되는 것에 비해 제작 환경이 열악한 상태여서 콘텐츠의 부족으로 이어지고 있습니다. 이러한 콘텐츠 부족의 해결책으로 스포츠나 콘서트 등의 3D 생중계와 함께 2D 영상에 인공적으로 양안 입체 정보를 부가하는 2D/3D 변환 기술이 주목받고 있습니다. 2D/3D 변환은 3D 촬영이 보급하기 전까지 과도적인 기술로 간주하는 경향이 있었지만, 과거의 명작을 3D 콘텐츠로 부활시키는 등 활용 수단으로도 기대되고 있습니다. 이 장에서는 2D/3D 변환의 기본 원리나 장점, 적합성 등을 소개합니다.

# 01 2D/3D 변환의 원리

한 대의 카메라로 촬영한 2D 영상은 3차원 공간을 2차원 평면에 기록한 것입니다. 제1장에서 설명한 것처럼 인간이 깊이감을 얻는 단서는 '단안 입체 정보'와 '양안 입체 정보'로 나눌 수 있고, 2D 영상에는 대부분의 단안 입체 정보를 포함하고 있습니다. 2D 영상에 들어있는 단안 입체 정보의 질과 양은 카메라의 광학계나 화각, 피사체의 구도 등으로 크게 다릅니다. 2D/3D 변환에서는 2D 영상이 내포된 단안 입체 정보를 단서로 하고 자동으로 또는 수작업으로 양안 입체 정보를 부가합니다.

2D/3D 변환의 수법은 다양하지만 어느 방법이든지 [그림 4.1]에서 제시한 방법을 이용해 공통적으로 처리됩니다. 우선 입력한 2D 영상에 포함된 단안 입체 정보를 해석하고 피사체의 깊이를 추정한 후 결과에 근거하여 양안시차를 포함하는 좌우 영상을 출력합니다.

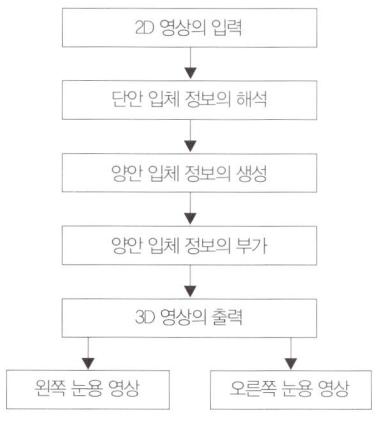

● [그림 4.1] 2D/3D 변환의 기본적인 플로차트

# 02 온라인 2D/3D 변환하기

2D/3D 변환의 수법은 크게 '온라인'과 '오프라인'으로 나눌 수 있습니다. 이 중에서 온라인은 자동으로 양안 입체 정보를 부가하는 수법입니다. 2D 영상을 입력하는 것만으로도 실시간으로 3D 영상으로 변환할 수 있는 셋톱박스나 소프트웨어를 이미 실용하고 있습니다. 또한 시판하는 3D TV의 많은 기종이 온라인 2D/3D 변환 기능을 탑재하고 있습니다.

온라인은 오프라인 변환과 비교하여 대부분 자동으로 처리되기 때문에 제작에 대한 비용 및 기간에 대해 유리합니다. 하지만 실시간 고속 처리가 가능한 알고리즘은 한정되어 있으며, 오프라인과 비교해서 부가되는 양안 입체 정보의 품질이 많이 떨어집니다.

일반적으로 온라인 2D/3D 변환에서는 우선 2D 영상을 대상으로 세그먼테이션(segmentation)을 시행합니다. 세그먼테이션은 영상을 개체별로 의미 있는 집합으로 분할하는 작업으로, 주로 윤곽 추출 및 패턴 인식, 움직임 해석 등의 화상 처리를 복합적으로 이용합니다. 또한 휘도나 색상, 콘트라스트, 크기나 운동량 등 다양한 단서로부터 세그먼트별로 깊이를 판단합니다.

알고리즘에 적합한 화면 구성에서는 온라인 2D/3D 변환으로 양호한 결과를 얻을 수 있습니다. 한편 복잡한 화면 구성에서는 세그먼트 사이의 전후 관계에 모순이 발생하기도 합니다.

• [그림 4.2] 2D 영상과 세그먼테이션의 예

# 오프라인 2D/3D 변환하기

오프라인은 수작업으로 이루어지는 2D/3D 변환 수법의 총칭으로, 수작업이 중심이 되기 때문에 작품의 품질 및 척도 등에 대해 제작 비용 및 기간이 크게 바뀝니다. 현재는 대작의 영화를 중심으로 많이 사용하므로 저비용 및 단기간에 제작하는 작품에서의 사례는 적습니다. 여기서는 오프라인 2D/3D 변환의 주요 수법을 소개하는데, 실제의 제작에는 다음에서 소개하는 수법을 조합해서 사용합니다.

##  로토스코프

로토스코프(rotoscope)는 2D 영상의 일부분을 오려내는 것으로, VFX(Visual Effects) 분야에서 배경과 인물을 분리하기 위해서 이전부터 많이 이용해 온 수법입니다. 로토스코프에서는 대상의 윤곽을 베껴야 하므로 손이 많이 가는 작업입니다. 예를 들어 로토스코프에 의한 2D/3D 변환에서는 배경의 전방에 재생하려는 대상을 오려서 각 레이어를 구성합니다. 그리고 배경 레이어는 동측(同側) 방향으로, 로토스코프로 오린 대상의 레이어는 교차 방향으로 조정하여 양안 입체 정보를 부가합니다. 한편 로토스코프에 의한 배경 레이어에서는 대상에 의해 차단되었던 영역의 결손이 생깁니다. 또한 배경 레이어는 동측 방향으로 조정해서 왼쪽 눈용 영상에서는 화면의 오른쪽 가장자리에, 오른쪽 눈용 영상에서는 화면의 왼쪽 가장자리에 각각 결손 영역이 생깁니다. 이러한 결손 영역은 페인트나 다른 프레임의 정보 등을 이용해서 보완하는데, 이것을 '갭 필링(gap filling)'이라고 합니다.

> 로토스코프
>
> VFX
>
> 갭 필링

- [그림 4.3] 로토스코프에 의한 2D/3D 변환의 플로차트

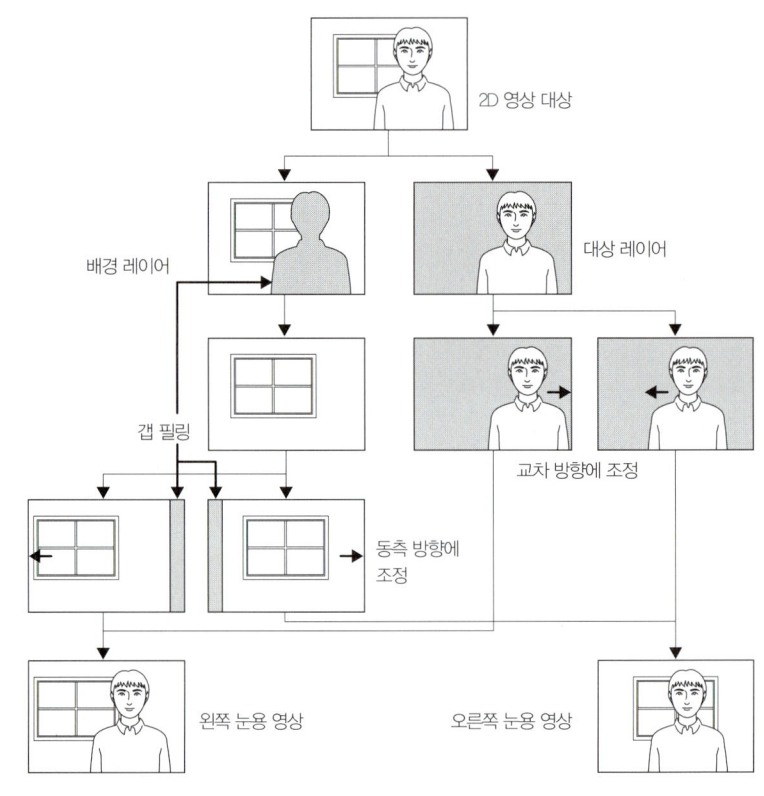

- [그림 4.4] 갭 필링

조정에 의해 생긴 결손 영역

갭 필링에 의한 보완

## 뎁스 맵

뎁스 맵(depth map)은 깊이 정보를 농담(濃淡)으로 표현한 영상으로, '깊이 지도'라고도 부릅니다. 일반적으로 농담의 값은 상대적으로 표현하여 256계층의 그레이스케일로 나타냅니다. 단안 입체 정보로부터 깊이 정보를 추정하고 2D 영상으로부터 뎁스 맵을 수작업으로 생성하는 것은 쉬운 작업이 아닙니다. 따라서 세그먼테이션을 비롯해 온라인으로 이용할 수 있는 화상 처리를 보조적으로 이용해서 수작업에 의한 부담을 덜기도 합니다. 2D 영상의 화소별로 대응된 뎁스 맵을 얻을 수 있으면 좌우의 다른 시점에서 재투영하는 것으로 양안 입체 정보를 포함하는 영상을 취득할 수 있습니다. 뎁스 맵을 기반으로 양안 입체 정보를 부가하는 화상을 처리하면서 갭 필링으로 결손 영역을 보완합니다.

● [그림 4.5] 뎁스 맵의 생성과 다른 시점에서의 투영

### 모델링

모델링(modeling)에서는 영상 중에서 오브젝트의 CG 모델을 작성하고 텍스처 매핑해서 3D 공간을 구축합니다. 2D 영상이 텍스처로 매핑된 CG 모델을 좌우의 시점에서 렌더링한 후 양안 입체 정보를 포함한 영상을 취득할 수 있습니다. 2D 영상을 텍스처로 이용하기 때문에 간단한 모델이라도 현실적으로 표현할 수 있지만, CG에서 구축한 3D 공간에 있는 카메라의 화각 및 움직임을 2D 영상과 똑같이 설정해야 합니다. 2D 영상의 피사체가 움직이고 있으면 CG 모델에도 같은 애니메이션을 설정해야 하므로 건물 등 정지된 대상의 변환에 적합합니다. 또한 모델링에 의한 2D/3D 변환에서도 로토스코프 및 뎁스 맵과 같이 결손 영역을 갭필링으로 보완해야 합니다.

- 모델링
- 텍스처 매핑
- 렌더링

• [그림 4.6] 모델링으로 2D/3D 변환하기

모델링

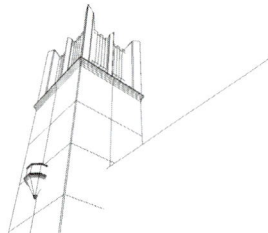

텍스처 매핑

좌우 시점 위치의 설정

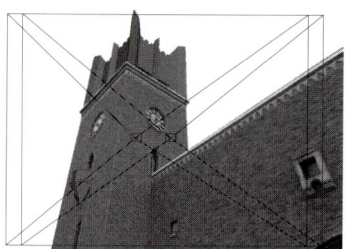

### 운동 시차

운동 시차는 한정된 촬영 조건으로 사용하는 가장 간단한 수법입니다. 카메라를 수평 방향으로 일정 속도 이동해서 촬영한 2D 영상은 시간 축에서 일정한 운동 시차를 포함합니다. 이 2D 영상을 시간차로 좌우의 눈에 분할 표시하는 것으로, 양안 입체 정보가 포함된 3D 영상을 제시할 수 있습니다.

시차는 좌우의 시간 차이에 의해 조정합니다. 운동 시차로부터 수평 시차를 만들기 때문에 피사체의 구성 및 카메라의 이동 속도가 적절하면 양호한 입체감을 얻을 수 있습니다. 하지만 영상에서 운동하는 피사체가 있으면 해당 부분만 운동 방향 및 속도에 따른 시차가 발생하므로 양안 입체 정보에 모순이 생깁니다.

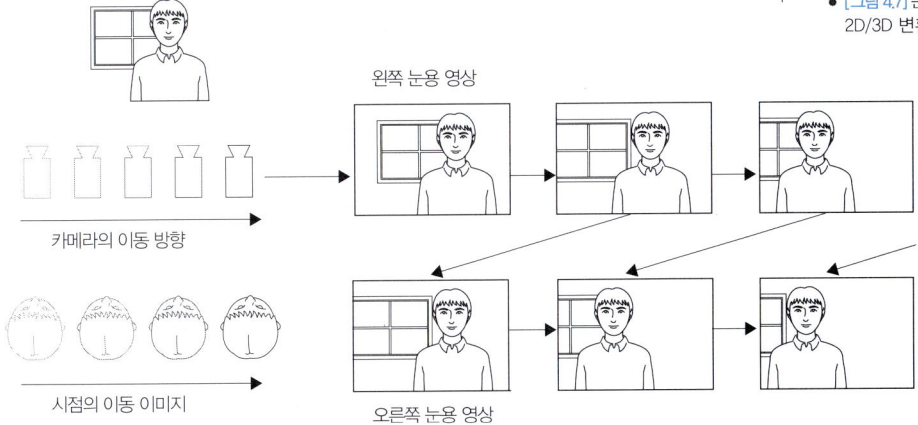

● [그림 4.7] 운동 시차를 이용한 2D/3D 변환

# 2D/3D 변환의 장점

2D/3D 변환은 콘텐츠의 부족을 보충하기 위한 과도한 수법으로 많이 간주되었지만, 좌우의 카메라를 이용한 3D 촬영에 대해 어느 정도 장점을 가지고 있습니다.

## ◆ 3D 촬영 시스템의 간략화

3D 촬영에서는 좌우의 카메라와 리그, 확인용 3D 디스플레이 등 2D 촬영에는 필요 없는 많은 기자재가 필요합니다. 일반적으로 TV 프로그램의 녹화 등에서는 다수의 카메라 시스템을 준비하여 이것을 스위칭해서 콘텐츠를 제작합니다. 3D 촬영의 기자재는 2D 촬영의 기자재보다 비싸고 촬영 및 연출에 대한 전문적인 지식과 경험이 필요합니다. 이에 비해 2D/3D 변환을 이용하면 현재 소유한 설비와 기술로도 촬영할 수 있습니다.

## 3D 촬영의 백업

3D 촬영을 하고 촬영한 영상을 사용할 수 없는 상황이 종종 발생합니다. 제시 조건과 비교하여 촬영한 3D 영상의 시차가 너무 크거나 작아서, 또는 기자재의 고장으로 어느 한쪽의 영상이 불완전할 때 등 다양한 원인이 있습니다. 이러한 문제점은 3D 촬영의 특징으로, 2D/3D 변환을 이용해서 좌우 한쪽 영상을 기준으로 재생할 수 있습니다.

 ## 피사체 크기의 대응

3D 촬영에는 실현이 어렵거나 불가능한 조건이 있습니다. 예를 들어 공중 촬영은 피사체까지의 촬영 거리가 매우 길기 때문에 충분한 시차를 얻으려면 하이퍼 스테레오라고 해도 현실적으로 불가능한 기선장이 필요합니다. 반대로 피사체를 근접 거리에서 기록하는 매크로 촬영(macro shot)에서는 하이포 스테레오라도 기선장 및 화각이 매우 클 수 있습니다. 2D/3D 변환에서는 2D로 촬영할 수 있는 모든 피사체가 대상이 되기 때문에 크기에 제한이 없는 것도 하나의 장점입니다.

> 공중 촬영

> 매크로 촬영

## 아티팩트 제거하기

3D 촬영에서는 좌우의 카메라를 정확하게 조정해야 합니다. 하지만 카메라 렌즈나 촬상 소자의 개체 차이를 완벽히 일치시키는 것은 어려운 작업입니다. 또한 좌우 한쪽 영상만 피사체가 찍히는 프레임 바이얼레이션(violation) 및 헐레이션(halation)은 망막경합의 원인이 되는 아티팩트입니다. 2D/3D 변환에서는 이러한 3D 촬영의 특징적인 아티팩트를 제거하여 표현할 수 있습니다.

• [그림 4.8] 헐레이션에 의한 아티팩트 제거하기

3D 촬영

왼쪽 눈용 영상   오른쪽 눈용 영상

2D/3D 변환

왼쪽 눈용 영상   오른쪽 눈용 영상

##  제시 환경에 맞춰 시차 조정하기

3D 콘텐츠는 제시 조건에 따라서 시차를 조정하는 것이 바람직합니다. 영화관의 스크린과 가정용의 TV 화면에서는 적절한 시차의 범위가 다릅니다. 좌우의 카메라를 이용한 3D 촬영에서는 취득한 영상의 시차를 좌우로 움직이는 것만으로 보정하기에는 한계가 있습니다. 이에 따라 2D/3D 변환에서는 뎁스 맵을 생성한 후 시점 위치를 변경해서 제시 조건에 따라 시차를 조정할 수 있는 범위를 확대할 수 있습니다.

# 2D/3D 변환에 의한 콘텐츠 제작하기

앞 절에서 2D/3D 변환의 장점을 말했지만 한쪽의 영상만으로는 차단되는 영역의 보완을 포함해서 3D 촬영이 아니면 표현할 수 없는 장면도 많습니다. 따라서 2D/3D 변환, 특히 오프라인은 3D 촬영을 대신하는 것이 아니라 오히려 보완하는 역할입니다. [표 4.1]에서는 어떤 촬영 조건 및 대상이 2D/3D 변환에 적합한지 제시하면서 각 조건 및 대상을 정리했습니다.

● [표 4.1] 촬영 조건 및 대상과 2D/3D 변환의 적합성

| 분류 | 조건 | 2D/3D 변환 | 3D 촬영 | CG/VFX |
|---|---|---|---|---|
| 렌즈 | 망원 | ○ | △ | △ |
| | 광각 | ○ | △ | △ |
| 카메라워크 | 줌 | ○ | △ | △ |
| | 달리 (dolly) | ○ | △ | △ |
| 촬영 대상 | 복잡한 피사체 | | ○ | ○ |
| | 반사광, 하이라이트 | ○ | | △ |
| | 공중 촬영, 매크로 촬영 | ○ | | ○ |
| | 난투 장면 | ○ | | ○ |
| | 미립자 | | △ | ○ |
| | 투명한 피사체 | | ○ | ○ |

 ## 망원

화각이 좁은 망원렌즈를 사용한 3D 촬영에서는 카드보드 효과가 생기기도 합니다. 2D/3D 변환에서는 영상 중의 오브젝트별로 시차를 변화시키기 때문에 기선장이 서로 다른 3D 촬영 조건을 합성한 효과를 얻을 수 있습니다.

### 광각

광각렌즈를 사용한 3D 촬영에서는 퍼스펙티브(perspective)를 강조하여 인형극장 효과를 일으키거나 기선장에 따라서 과잉 시차를 포함하기도 합니다. 2D/3D 변환에서는 과잉 시차의 조정 및 좌우 렌즈 주변부의 왜곡에 의한 위화감을 억제할 수 있습니다.

### 줌

3D 촬영에서 줌 인/줌 아웃(zoom in/zoom out)을 시도할 때 기선장을 고정하면 화각의 변화에 따라 대상의 깊이감도 변합니다. 줌 촬영(zoom shot)에 맞춰 기선장을 변화시켜서 안정된 깊이감을 얻을 수 있지만, 이렇게 하려면 특수한 기자재와 능숙한 조작 능력이 필요합니다. 2D/3D 변환에서는 화각의 변화에 맞춰 시차를 조정할 수 있습니다.

줌 촬영

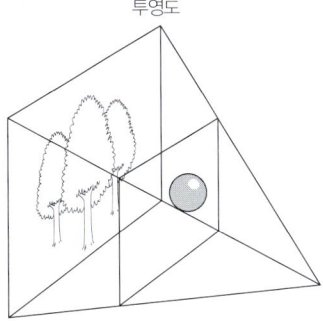

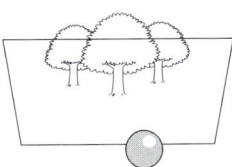

● [그림 4.9] 기선장을 고정시킨 상태에서 줌에 의한 깊이감 변화의 예

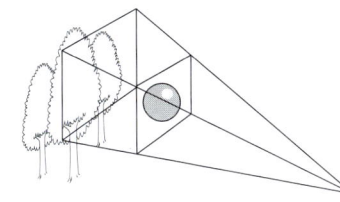
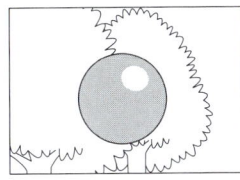
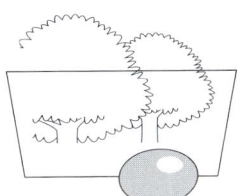

05. 2D/3D 변환에 의한 콘텐츠 제작하기 | 113

## 달리(dolly)

줌과 비슷하지만 달리 촬영(dolly shot)에서는 카메라가 실제로 피사체에 접근하거나 멀어집니다. 이때 기선장을 고정시키면 피사체로의 근접에 의한 과잉 시차 등이 문제가 됩니다. 줌 촬영처럼 기선장을 조절해서 깊이감을 안정시킬 수 있지만, 2D/3D 변환에서는 피사체까지의 거리에 따라 시차를 조정할 수 있습니다.

> 달리 촬영

• [그림 4.10] 기선장을 고정한 달리 인(dolly in)에서 깊이감 변화의 예

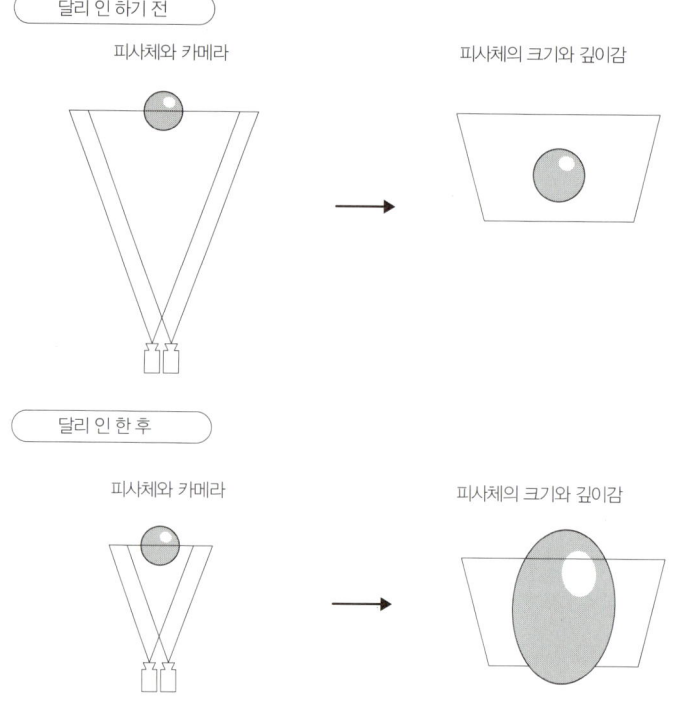

## 복잡한 피사체

복잡한 피사체로 구성된 장면은 2D/3D 변환이 곤란할 때가 있습니다. 예를 들어 군중이 서로 다르게 움직이는 장면에서는 방대한 세그먼테이션이 필요할 수 있습니다. 이와 같이 많은 오브젝트의 전후 관계를 모순 없이 표현하려면 3D 촬영쪽이 적합합니다.

### ◆ 반사광, 하이라이트

반사광 및 하이라이트는 3D 촬영에서 간혹 한쪽의 영상에만 들어있어서 망막경합을 발생시키는 아티팩트로 작용합니다. 2D/3D 변환에서는 CG 등을 사용하여 반사광 및 하이라이트를 양안에 제시해서 영상을 안정시킬 수 있습니다.

### ◆ 공중 촬영, 매크로 촬영

공중 촬영 및 매크로 촬영에서는 기선장을 극단적으로 길게 또는 짧게 해야 하므로 좌우 카메라의 크기나 리그의 정밀도, 촬영 시스템의 설치 스페이스 등의 문제가 발생합니다. 한편 2D 영상만 취득할 수 있으면 2D/3D 변환에서는 이러한 문제가 생기지 않습니다.

### ◆ 난투 장면

2D 촬영의 난투 장면에서 칼싸움 장면의 경우 신체에 접하지 않는 칼에 배우가 언뜻 베어진 것 같은 장면을 연출합니다. 그러나 3D 촬영에서는 신체와 칼 사이의 거리감을 파악할 수 있기 때문에 난투 등의 난투 장면에서 사용하는 2D 특유의 연출이 어렵습니다. 2D/3D 변환에서는 신체와 칼의 시차를 조정하는 것으로, 2D 영상에서 의도한 연출을 살릴 수 있습니다.

• [그림 4.11] 난투 장면

05. 2D/3D 변환에 의한 콘텐츠 제작하기

## 🔹 미립자

비나 눈, 연기와 같은 미립자(particle)에 포함된 영상은 대부분 2D/3D 변환에 적합하지 않습니다. 무수한 입자를 각각 세그먼테이션을 한 후 적절한 양안 입체 정보를 부가하는 것은 불가능합니다. 미립자의 3D 표현에는 CG나 VFX를 이용해서 합성하는 것이 효율적입니다.

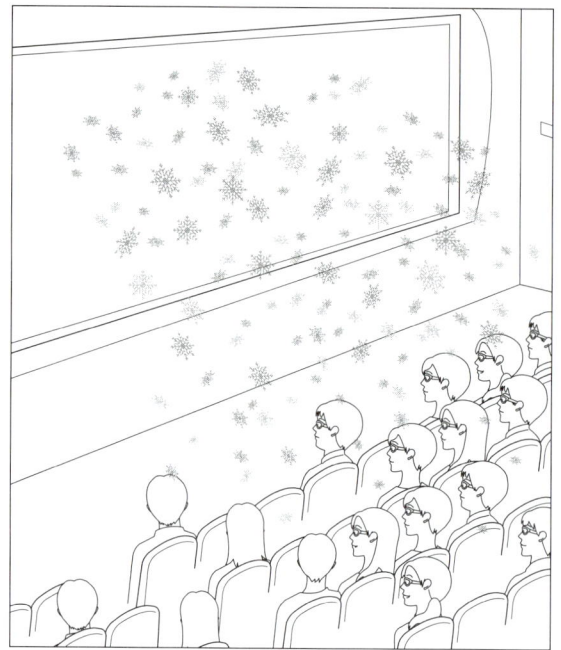

• [그림 4.12] 미립자

## 🔹 투명한 피사체

물, 유리 등 투명 또는 반투명의 피사체는 2D/3D로 변환할 수 없습니다. 일반적으로 2D/3D 변환에서는 화소마다 깊이 정보를 부가하기 때문에 동일 화소에 투명한 피사체와 안쪽 배경이 투과하는 영상은 2D/3D 변환에 적합하지 않습니다.

# 06 2D/3D 변환의 과제

2D/3D 변환에서는 양안 입체 정보가 인공적인 것에 유의해야 합니다. 다시 말해서 부자연스러운 양안 입체 정보가 부가될 가능성이 있고, 이것이 위화감이나 불쾌감, 더 나아가서는 피로감의 원인이 될 수 있습니다. 구체적으로 2D/3D 변환에서는 단안 입체 정보 중에서도 망막상을 단서로 양안 입체 정보를 부가하지만, 서로 모순이 생기지 않도록 주의해야 합니다.

3D 영상을 관찰할 때 시각계의 부정합 또는 모순에 대해서는 제5장에서 살펴보겠지만, 이러한 입체 정보의 모순은 3D에 의한 부담 및 피로의 원인 중 하나입니다. 또한 변환된 콘텐츠의 저작권도 주의해야 합니다. 우리나라의 저작권법에서는 저작물의 동일성을 보유하는 권리를 인정하기 때문에 2D/3D 변환이 저작물의 개변에 해당할 수 있고, 온라인 2D/3D 변환과도 특히 관계가 있을 수 있습니다.

오프라인에서는 수작업으로 변환하므로 작업자별로 단안 입체 정보의 해석 및 양안 입체 정보 부가의 방법이 바뀌기도 합니다. 이와 같이 작품에서의 입체감의 편차를 억제하고, 수준 높은 3D 표현을 위한 인재 육성 및 프로젝트 관리도 2D/3D 변환의 과제입니다.

● [그림 4.13] 뎁스 맵에서의 입체 정보 모순의 예

왼쪽의 적정한 뎁스 맵에 대해 오른쪽 뎁스 맵은 건물보다 가까운 쪽에 재생될 나무가 건물보다 먼 쪽에 재생되는 모순된 양안 입체 정보가 부가됩니다.

LESSEON 05

# 3D 영상의 생체 영향과 안전성

· 영상의 생체 영향과 가이드라인
· 영상 멀미
· 안정 피로
· 3D 영상의 융합 범위
· 3D 영상과 안전성

**3**D라는 미디어를 보급하려면 방해 요인을 이해하고 해결해야 합니다. 3D를 지원하는 영화관이 증가했고, 3D TV가 시판되면서 디스플레이 기술은 이에 대응하는 수준으로 발전했습니다. 이에 대해 방해 요인은 콘텐츠의 부족 및 생체 영향에 대한 우려 등 하드웨어에서 소프트웨어, 사용자측의 문제로 움직이고 있습니다. 3D로 표현할 경우 사용자 경험에서의 긍정적 효과와 함께 생체에 미치는 부정적 영향에도 관심이 모아지고 있습니다. 현재는 3D 콘텐츠의 품질 중 필수 요소로서 안전성을 배려할 수도 있습니다. 이 장에서는 3D 영상의 생체 영향 및 안전성과 관련된 현재까지의 의견과 대처 방안을 소개합니다.

# 영상의 생체 영향과 가이드라인

영상 콘텐츠가 생체에 미치는 부정적인 영향에 대해서는 지금까지 다양한 방면에서 논의되었습니다. 초기의 예로 영국의 독립TV위원회(ITC ; Independent Television Commission)가 제시한 가이드라인이 있습니다(1994년). 이것은 TV 광고를 본 시청자가 광과민성 발작(PSS ; Photo Sensitive Seizures)을 일으킨 것을 계기로 작성되었습니다. 광과민성 발작은 빛의 자극에 대해 이상 반응을 일으키는 증상입니다. ITC에 의한 가이드라인은 방송용 영상 콘텐츠의 명멸(明滅, flicker)과 줄무늬 모양 등 규칙적인 패턴의 사용을 규제한 것이었습니다. 또한 일본에서는 인기 TV 애니메이션을 시청하던 유아나 아동이 경련 발작 및 의식 장해를 일으켜 병원에서 치료를 받은 사고가 있었는데, 이것을 계기로 일본방송협회(NHK)와 민간방송연맹이 애니메이션을 중심으로 한 영상 콘텐츠의 가이드라인을 작성했습니다(1998년). 이것은 ITC의 가이드라인을 바탕으로 관련 사고에서 문제가 된 붉은색 명멸을 위험 범위에 추가한 것이었는데, 이들의 가이드라인은 PSS의 예방이 목적이었습니다.

독립TV 위원회

광과민성 발작

명멸

3D에 대한 가이드라인에는 국제표준화기구(ISO ; International Organization for Standardization)에서 발행한 영상 콘텐츠의 안전성에 대한 국제 합의 문서(IWA ; International Workshop Agreement)가 있습니다(2005년). 국제 합의 문서, IWA3에서는 영상 콘텐츠 때문에 발생하는 부정적인 생체 영향으로, PSS 외에 영상 멀미(VIMS ; Visually Induced Motion Sickness)와 시각 피로(VF ; Visual Fatigue)를 포함합니다. 또한 최근에는 일본 3D 컨소시엄에서 안전성에 대한 가이드라인의 개정판을 발표했습니다(2010년).

국제표준화기구

국제 합의 문서

영상 멀미

시각 피로

## 02 영상 멀미

동요병

영상 멀미는 흔들림 및 회전이 심한 영상을 관찰할 때 생기는 현기증이나 구역질 등을 동반하는 불쾌한 증상으로, 학술적으로는 멀미 등과 함께 동요병(motion sickness)의 일종으로 분류하고 있습니다. 동요병은 지금까지 항공 및 선박, 우주 등의 분야에서 연구되었는데, 영상 멀미는 시각적인 자극만으로 발생하는 것이 특징입니다.

 **동요병의 증상**

동요병의 대표적인 증상은 불쾌감, 구토, 안면 창백, 식은땀 등입니다. 불쾌함은 동요병의 특징으로, 신체가 따뜻해지는 느낌, 타액 분비의 증가, 트림, 하품 등이 동반됩니다. 동요병이 더 심해지면 안면 창백 및 식은땀과 같은 증상이 나타납니다. 이들은 서서히 발증하지만, 증상이 이어지면 갑자기 악화되어 구토가 생깁니다. 동요병의 증상은 개인차가 크고, 영상 멀미의 증상에서는 뱃멀미 등과는 달리 제시 조건에 따라 시각적인 자극을 피할 수 있기 때문에 구토를 동반하는 사태까지 이르는 경우는 적습니다.

##  동요병과 감각 불일치

동요병은 자동차 등의 진동에 의한 가속도가 과잉하게 내이(inner ear)를 자극하여 발생합니다. 이것은 내이의 전정(前庭)에서 수용하는 전정 감각(vestibular sensation)이 신체의 평형 감각(sense of equilibrium)에서 중요한 역할을 하기 때문인데, 이것을 '내이 과잉 자극설(over stimulation theory)'이라고 합니다. 하지만 무중력 상태의 우주 비행사의 경우 정도를 넘어선 가속도가 발생하지 않아도 멀미가 생기기 때문에 내이 과잉 자극설로는 우주 멀미를 설명할 수 없습니다.

이와 같이 동요병의 메커니즘은 알려지지 않은 부분이 많지만, 감각 불일치설(sensory conflict theory)이 유력합니다. 우리는 평소에 자신의 위치나 움직임을 다양한 감각 정보로 취득하여 신체의 평형을 유지하고 운동을 제어합니다. 이것이 차나 배를 타는 등 새로운 운동 환경에 노출되면 일상생활로부터 얻을 수 있는 감각 정보의 패턴과 일치하지 않게 됩니다. 이때 뇌에서는 새로운 감각 정보의 패턴으로 짜집기되는 동시에 동요병이 발증한다는 설입니다. 이러한 불일치와 동요병의 발증 관계는 아직 명확하지 않지만, 어떤 한계값을 넘을 때 발증하는 것인지 고찰되고 있습니다.

일반적으로 영상 멀미에서는 시각으로부터 자신이 움직이고 있는 것 같은 정보가 입력되어도 신체는 정지했다는 불일치가 명확한 상태입니다. 다만 감각 불일치설의 주요 문제는 어느 정도의 자극으로 동요병이 발증하는지 특정할 수 없다는 것과 몸 상태나 체질 등 다른 요인을 고려할 수 없다는 것, 같은 자극이라도 발증하는 사람과 그렇지 않은 사람이 있다는 것 등입니다.

## 시각 유도성 자기 운동 감각

영상 멀미의 발생과 관계가 깊은 체험으로, 시각 유도성 자기 운동 감각(vection)이 있습니다. 예를 들어 전철 안에서 출발을 기다리고 있을 때 옆의 전철이 움직이기 시작하면 자기가 탄 전철이 멈추어 있어도 마치 자신의 전철이 움직이는 것처럼 착각할 때가 있습니다. 이 상태에서는 전정 감각에 신체가 정지했다는 정보와 시각에 경치가 움직이고 있다는 정보가 입력됩니다. 그러면 뇌는 전정 감각의 정보와 시각 정보를 통합하여 이런 움직이고 있다는 착각을 불러일으킵니다. 동요병이 발생할 경우에는 이러한 시각 유도성 자기 운동 감각이 밀접한 영향을 미친다고 여겨집니다.

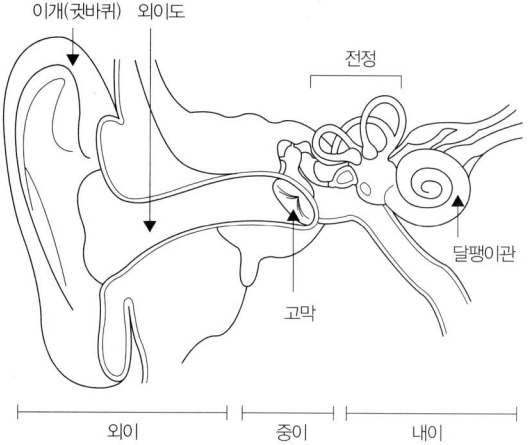

- [그림 5.1] 청각기의 구조

# 03 안정 피로

안정 피로(asthenopia)는 계속적인 시각 작업으로 간단히 피로를 느끼거나 눈의 침침함, 통증, 복시(複視), 두통, 어깨결림을 동반하고, 때로는 불쾌해지거나 구토를 가져오는 상태입니다. 이러한 증상이 일정한 휴식을 취한 후 회복되면 '시각 피로', 회복이 안 되면 '안정 피로'로 구분합니다. 하지만 이들을 명확하게 구분하는 것은 실제로 어렵고 넓은 의미에서 같은 범위로 사용됩니다.

> 안정 피로

 ## 안정 피로의 원인별 분류

안정 피로는 원인별로 다음과 같이 다섯 종류로 분류합니다.

- 조절성 안정 피로
- 근성 안정 피로
- 부등상성(不等像性) 안정 피로
- 증후성 안정 피로
- 신경성 안정 피로

조절성 안정 피로는 제1장에서 소개한 수정체의 초점 조절에 문제가 있는 것을 의미합니다. 즉 조절성 안정 피로는 제1장에서 설명한 폭주의 장해나 사위(斜位, heterophoria)가 있는 것입니다. 사위는 안위의 차이가 융합에 따라 잠복한 상태로, 안위가 크게 차이난 상태로서 '사시(斜視, strabismus)'라고도 표현합니다. 부등상은 양안의 굴절의 차이에 의해 좌우 망막상의 크기 차이가 발생한 상태입니다. 증후성 안정 피로는 결막염 및 각막염 등의 기관질적 장해와 함께 발병된 상태이고, 신경성 안정 피로는 극도의 정신적 긴장에 의해 발생하는 피로입니다.

> 사위
> 사시

## 안정 피로와 시각계의 부정합

대상을 볼 때 대상에 시선을 교차시키는 동시에 초점을 맞춥니다. 이것은 폭주와 초점 조절이 같은 대상에게 작용합니다. 이에 대해 3D 영상을 관찰할 때 폭주는 주시하는 입체 영상의 시차량에 응해서 변하지만, 영상 자체는 화면에 제시되기 때문에 초점은 선명한 망막상을 얻기 위해 화면 근방에서 조절됩니다. 이 상태에서는 폭주와 초점 조절이 다른 대상에 작용하는 것입니다. 입체 정보의 관점에서는 폭주와 초점 조절로부터 얻을 수 있는 거리 정보에 부정합이 생기는 것입니다. 이것을 '폭주와 초점 조절의 불일치' 라고 하며, 3D 영상의 관찰에 의한 안정 피로의 주요 원인 중 하나입니다. 이런 시각계의 부정합이 안정 피로로 연결되는 이유와 특성을 포함해서 알려지지 않은 부분이 많지만, 3D의 부정적인 생체 영향에 관여하다는 것은 사실입니다.

• [그림 5.2] 3D 영상을 관찰할 때의 폭주와 초점 조절의 불일치

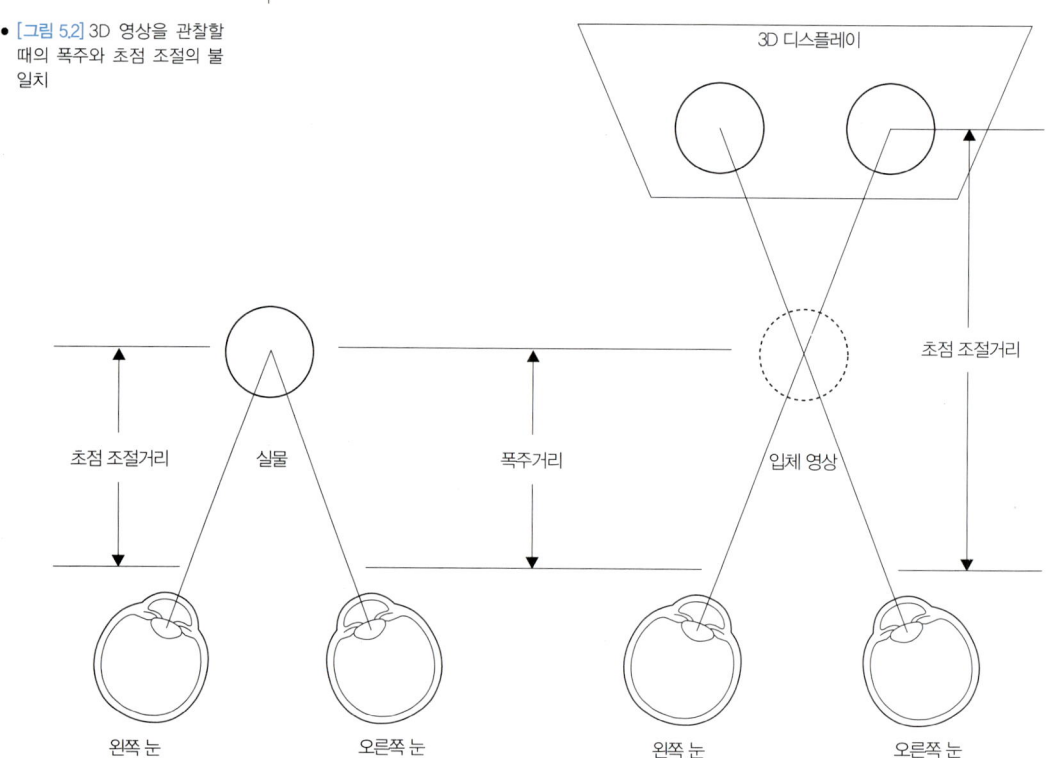

##  폭주 및 초점 조절의 불일치와 시차각

폭주와 초점 조절의 불일치 정도를 나타내는 지표로서 때때로 시차각(視差角, parallax angle)을 사용합니다. 시차각은 2D의 화면을 관찰할 때의 폭주각에서 입체 영상을 주시할 때의 폭주각을 빼고 구할 수 있습니다. [그림 5.3]에서는 $\theta_1$에서 $\theta_2$를 제한 값(도, °)이 됩니다.

시차각은 대상의 시차가 교차 방향에서는 마이너스로, 같은 방향에서는 플러스로 표시됩니다. 따라서 전자를 '네거티브 시차(negative parallax)', 후자를 '포지티브 시차(positive parallax)'라고 합니다. 이러한 시차각이 커질수록 폭주와 초점이 더욱 조절되지 않으므로 일찍 안정 피로가 발생할 수 있습니다. 많은 연구 보고나 가이드라인 등에서는 교차 방향의 시차각을 −1° 이내로 하는 것이 바람직합니다. 같은 방향의 시차에서도 1° 이내나 제3장에서 설명한 발산이 생기지 않는 범위가 현재 단계에서의 안전성에 대한 하나의 기준입니다.

시차각

네거티브 시차

포지티브 시차

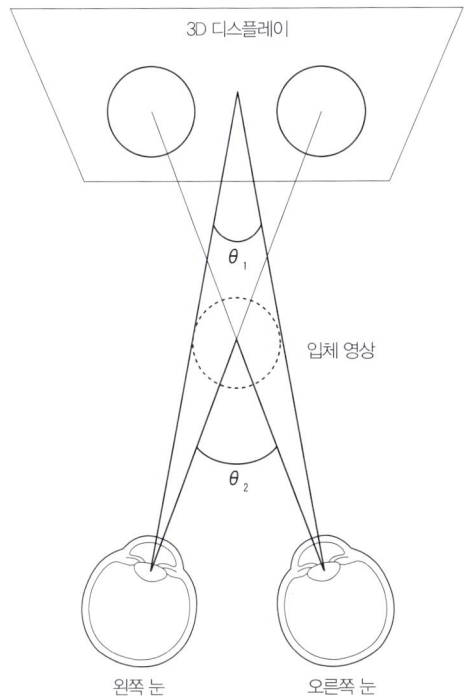

• [그림 5.3] 3D 영상을 관찰할 때의 시차각 산출

03. 안정 피로

###  영상 멀미와 3D에 의한 안정 피로

영상 멀미의 감각 불일치가 시각 정보와 그 외의 감각 정보와의 모순을 의미하는 것에 대해 3D 때문에 발생하는 안정 피로에서는 시각계의 입체 정보 사이에 모순을 의미한다고 생각할 수 있습니다. 양쪽 모두 자연 상태에서는 이러한 모순이 발생하지 않는 것이 영상 멀미와의 공통점입니다. 즉 부자연스러운 감각 정보의 입력에 대해 불쾌감과 피로감을 쉽게 유발시킬 수도 있습니다. 또한 3D에서 발생할 수 있는 입체 정보 간의 모순은 폭주와 초점 조절만이 원인이 아니라 제4장에서 설명한 2D/3D 변환의 단안 입체 정보와 양안 입체 정보 간의 모순도 포함하는 것을 주의하세요.

# 04  3D 영상의 융합 범위

양안시는 '동시시(同時視)', '융합', '입체시'의 세 가지 기능으로 분류됩니다. 융합은 두 눈에 비치는 망막상을 하나의 대상으로 인지하는 기능이지만, 3D 영상의 안전성을 고려하면서 재생하는 대상을 융합할 수 있을 것인지는 문제가 됩니다. 다음은 3D 표현에 영향을 미치는 융합의 주요 특성을 정리한 것입니다.

##  호롭터와 파눔의 융합 영역

어떤 한 점을 주시할 때 망막에서의 좌우의 차이는 0(zero)이 됩니다. 따라서 주시점과 두 눈을 연결하는 원주상의 임의의 대상은 기하학적인 양안시차가 0이 되며, 동시에 융합할 수 있는데, 이러한 궤적을 '호롭터(horopter)'라고 합니다. 호롭터의 전후에서는 양안시차가 생기지만, 일정한 범위 안에서는 융합할 수 있고, 이 범위를 '파눔의 융합 영역(Panum's fusional area)'이라고 합니다. 파눔의 융합 영역을 넘는 대상은 융합되지 않는 이중시(二重視)가 됩니다. 예를 들어 이 영역은 50cm의 끝의 한 점을 주시했을 때 망막에서 가장 해상도가 높은 중심와(中心窩, fovea)에서는 시각이 약 30초("), 주변시에서는 상승하여 1° 이하가 됩니다.

> 호롭터
>
> 파눔의 융합 영역
>
> 중심와(中心窩)

• [그림 5.4] 호롭터와 파눔의 융합 영역

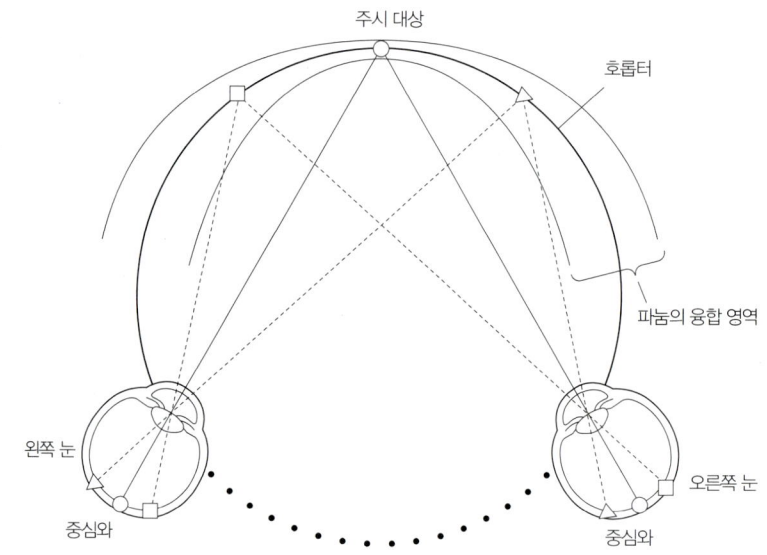

## 🔷 망막성 융합과 폭주성 융합

파눔의 융합 영역 안에 있는 융합을 '망막성 융합'이라고 합니다. 한편 대상이 깊이 방향으로 이동하고 망막성 융합이 무너지면 대상의 위치에 따른 폭주가 생기고 다시 융합하는데, 이것을 '폭주성 융합'이라고 합니다. 융합할 수 있는 범위에 대해 지금까지 많이 연구하고 있습니다. 예를 들어 폭주성 융합에는 이력 현상(hysteresis)이 있어서 융합한 상태로부터 대상의 시차량을 서서히 증가시키면 범위가 넓어집니다. 또한 교차 방향과 동측 방향에서는 동측 방향에 발산이 생기므로 교차 방향의 융합 가능 범위쪽이 넓어지는 경향이 있습니다.

## 돈더스의 선과 퍼시발의 쾌적 영역

우리가 대상을 볼 때 폭주와 초점 조절은 같은 대상에서 작용한 말입니다. 이것을 그래프로 표현하면 원점을 통과하는 45°의 직선이 되는데, 이것을 '돈더스의 선(Donders' line)'이라고 합니다. 하지만 파눔의 융합 영역에서 시사하는 것처럼 폭주와 초점 조절에는 양안시가 가능한 일정한 허용 범위가 있습니다. 폭주를 일정하게 유지하여 분명하게 양안시가 가능한 초점 조절의 범위는 '상대 초점 조절'이고, 초점 조절을 일정하게 유지해서 명료하게 양안시가 가능한 폭주의 범위는 '상대 폭주(relative convergence)'입니다. 그리고 돈더스의 선에 근거해서 3D 영상의 하나의 목표로 간주되는 것은 '퍼시발의 쾌적 영역(Percival's zone of comfort)'인데, 이것은 [그림 5.5]와 같이 명료하게 양안시가 가능한 범위의 1/3을 가리킵니다. 이전에 설명한 ±1° 이내의 교차 방향 및 동측 방향의 시차각은 대략 이 범위의 값이 됩니다.

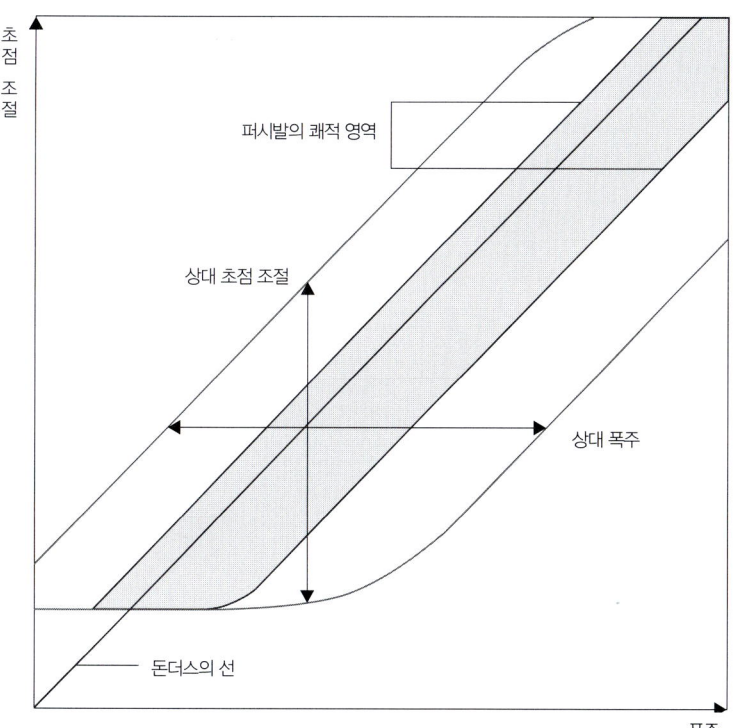

• [그림 5.5] 돈더스의 선과 퍼시발의 쾌적 영역

## 피사계 심도와 융합 범위

피사계 심도

3D 콘텐츠에 대해 피사계 심도의 효과를 더해 융합 범위가 넓어지는 것으로 알려졌습니다. 또한 피사계 심도 안에서 대상을 제시했을 때 폭주와 초점 조절은 일치하지 않는다고 간주되고, 인간의 피사계 심도는 ±0.2~0.3D 정도라고 말합니다. 한편 D는 렌즈의 도(度)를 나타내는 단위인 디옵터(Diopter)를 생략한 것으로, 미터로 나타낸 수치의 역수로 초점거리를 나타냅니다. 예를 들어 초점거리가 1m에서는 1D, 2m에서는 0.5D, 50cm에서는 2D가 됩니다. 여기서 ±0.25D를 6.3cm의 동공 간격에서의 시차각으로 환산하면 약 ±0.9°가 됩니다. 이것도 퍼시발의 쾌적 영역과 가까운 값이라고 할 수 있습니다. 단 시거리가 길어지면 무한대가 피사계에 들어오기 때문에 대형 스크린 등에는 적용할 수 없습니다.

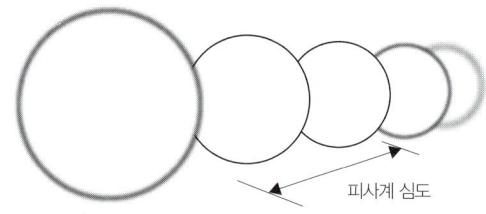

● [그림 5.6] 피사계 심도의 효과 (예)

# 05 3D 영상과 안전성

3D에 의한 안정 피로와 영상 멀미는 공통적으로 부자연스러운 감각 정보가 입력됩니다. 간단히 말해서 불쾌감 및 피로감이 생기는 것입니다. 또한 3D 영상을 관찰할 때의 폭주와 초점 조절의 불일치에 대해 융합 범위의 관점에서 이제까지의 의견을 정리했습니다. 구체적으로는 불일치의 정도를 일정한 범위에 제한해서 피로의 발생을 억제할 수 있습니다. 단 폭주와 초점 조절의 불일치가 일정 범위 안에 있어도 다른 입체 정보와 모순이 발생할 수 있으므로 주의해야 합니다. 다음은 3D의 안전성에 대해 배려 및 검토해야 할 항목을 정리한 것입니다.

- 입체 영상의 깊이 방향으로의 이동 속도와 거리
- 시간 경과에 따르는 생체 영향과 장기적인 변화
- 2D 영상의 생체 영향과 상호작용
- 연령층 및 개인차

입체 영상의 이동 속도와 거리로 재생하는 대상에 깊이 방향으로 급격한 움직임을 연출할 때는 고려해야 합니다. 그리고 시간 경과에 따르는 생체 영향은 대상의 시차각을 일정 범위 안으로 제한해도 관찰 시간에 의해 피로 발생의 패턴이 다를 수 있습니다. 또한 장기적인 변화로서 일상적인 3D 영상의 관찰을 대상으로 할 경우, 예를 들어 수년 동안의 범위(span)로 실험한 데이터가 없다는 것을 고려해야 합니다. 특히 장기적인 변화라는 점에서는 관찰자의 시차에 대한 감도나 기호도 3D 영상의 관찰 경험에 의해 변화할 것입니다. 2D 영상의 생체 영향과 상호작용은 영상 멀미를 일으키는 2D 콘텐츠를 3D로 표현할 경우 불쾌감 및 생체 영향이 더욱 심해질 수 있습니다. 즉 신체가 정지한 상태에서 자신이 움직이는 것 같은 시각 정보에 깊이감이 더해져서 더욱 일치하지 않는다고 판단할 수 있습니다.

연령층이라는 점에서 양안시 기능은 6세 정도에 완성됩니다. 어느 연령층을 대상으로 3D 콘텐츠를 제작 및 공개할지는 공통된 인식이 필요합니다. 또한 3D 영상의 지각 및 체험에는 개인차가 크게 작용합니다. 작품의 공개 규모에 따라 수 많은 관객에게 쾌적해도 특정한 사람에게 부담이 될 수 있다는 것에 주의하세요.

## 참고 문헌

모토키 노리오, 야노 수미오 편 : 『3차원 영상과 인간의 과학』, Ohmsa, Ltd.(2000)

Independent Television Commission, U. K. : ITC guidance note for licensees on flashing images and regular patterns in television(1994)

일본방송협회, 일본 민간방송연맹 : 애니메이션 등의 영상수법에 대한 가이드라인(1998)

ISO/IWA 3 : Image safety -Reducing the incidence of undesirable biomedical effects caused by visual image sequences(2005) 3D 컨소시엄 http://www.3Dc.gr.jp/

C. M. Oman : A heuristic mathematical model for the dynamics of sensory conflict and motion sickness, Acta Oto-laryngologica, Vol. 44, No. s392, p.4~44(1982)

L. J. Hettinger, K. S. Kennedy, W. P. Dunlap, M. D. Nolan : Vection and simulator sickness, Military Psychology, Vol. 2, No. 3, p.171~181(1990)

야노 스미오, 에모토 마사키, 미쓰하시 데쓰오 : 양안융합 입체 화상에서 두 가지의 시각 피로 요인, 영상정보미디어 학회지, Vol. 57, No. 9, p.1187-1193(2003)

M. Lambooij, W. IJsselsteijn, M. Fortuin, I. Heynderickx : Visual discomfort and visual fatigue of stereoscopic displays : a review, Journal of Imaging Science and Technology, Vol. 53, No. 3, p.030201-1-14(2009)

LESSEON 06

# 3D 콘텐츠의 설계 및 보정, 평가

· 3D 콘텐츠의 설계
· 3D 콘텐츠 보정하기
· 3D 콘텐츠 평가하기

**제** 5장에서는 안전성의 관점에서 입체 영상의 재생 범위와 관련된 의견을 설명했습니다. 관찰자의 안전성에 대한 배려는 3D 콘텐츠의 품질에 영향을 미치는 조건이지만, 어느 정도의 깊이감을 표현할 것인지에 대한 작품성의 관점에서도 제작 및 공개할 때 충분히 검토해야 합니다. 이 장에서는 제작할 때 깊이감의 설계로부터 보정 및 평가에 대한 현시점의 필자들의 견해와 지금까지의 대처 방안을 소개하겠습니다.

# 01 3D 콘텐츠의 설계

3D 촬영을 진행할 때는 예상되는 제시 조건에서 피사체가 어떤 깊이감을 가지면서 표현될지를 이해한 후 촬영 조건을 결정해야 합니다. 이것을 위해서 3D 콘텐츠의 깊이감을 미리 설계해야 합니다. 여기서 말하는 깊이감의 설계는 '튀어나와 있다', '들어가 있다'라는 정성적(定性的, 속성적)인 개념이 아닌 제작 과정 중에 이해 및 공유할 수 있는 어느 정도 정량적(定量的)인 방법을 의미합니다. 이제부터 깊이감의 설계에 대한 사고 방식 및 개념의 예를 소개합니다.

##  뎁스 버짓

뎁스 버짓(depth budget)은 제시 조건에 따라 결정하는 입체 영상의 재생 가능 범위입니다. 이 범위는 제5장에서 설명한 융합 범위나 쾌적 영역, 피사계 심도 등의 의견을 기초로 해서 결정됩니다. 뎁스 버짓은 작품에서 사용할 수 있는 시차량의 기준으로 작용합니다. 일반적으로 뎁스 버짓은 시차각이나 화면에서의 픽셀 단위를 이용해 교차 방향과 동측 방향의 최대치로 표시합니다.

뎁스 버짓

##  뎁스 브래킷

뎁스 브래킷(depth bracket)은 뎁스 버짓의 범위 안에서 작품이나 샷에서 사용하는 시차의 범위입니다. 뎁스 브래킷은 작품이나 샷별로 깊이감에 대한 연출 의도에 맞춰 다른 값을 잡습니다. '뎁스 버짓'과 '뎁스 브래킷'을 같은 뜻으로도 해석하지만 이 책에서는 이들 용어를 구별하고 있습니다. 뎁스 브래킷은 뎁스 버짓과 같이 교차 방향과 동측 방향의 최대치로 표시합니다.

뎁스 브래킷

### ◆ 뎁스 스크립트

뎁스 스크립트(depth script)는 스토리의 전개에 따라 결정하는 깊이감의 시계열(時系列)적인 변화입니다. 이것을 직역하면 깊이감의 대본입니다. 작품의 깊이감은 드라마의 고조에 의해 기복(튀어나오거나 들어가는 것)을 주거나 시각적인 안정을 의도한 시간대를 설정하는 등 다양하게 연출할 수 있습니다. 뎁스 스크립트를 작성해서 전체 작품에 대한 깊이감의 연출 의도를 파악할 수 있으며, 뎁스 브래킷에 근거를 두어 촬영 조건에 반영할 수 있습니다. 일반적으로 뎁스 스크립트는 어떤 시점에서 본 깊이감의 강도로 정성적인 하나의 값으로도 기술합니다.

### ◆ 뎁스 차트

뎁스 스크립트가 정성적인 값으로 깊이감의 시계열적인 변화를 기술하는 것에 대해 뎁스 차트(depth chart)는 이것을 정량적인 값으로 나타냅니다. 뎁스 스크립트를 정량적으로 해석하여 작성하고, 촬영 전에는 어느 정도의 시차를 줄 것인가를, 촬영 후에는 의도한 대로의 시차를 포함하는지를 각각 확인할 수 있습니다. 뎁스 차트는 시차각이나 픽셀로 표시하지만, 시간의 단위로서 프레임 단위보다 샷 또는 장면마다의 대표값을 이용해야 쉽게 이해할 수 있습니다.

한편 촬영한 후 시차의 정량화에는 나중에 설명할 화상 처리를 이용해서 화소별로 추구할 수 있고, 2D/3D 변환에서는 뎁스 맵을 분석하는 것으로 구할 수 있습니다. 또한 뎁스 차트의 대표값은 다양한 통계량으로 표시됩니다. 왜냐하면 하나의 값으로 시차의 분포 및 특징을 나타내기에는 충분하지 않기 때문입니다. 뎁스 차트를 작성할 때는 교차 방향과 동측 방향의 최대치를 시작으로 최빈치(mode)나 중앙치(median) 등 시차 확인에 필요한 통계량을 이용합니다.

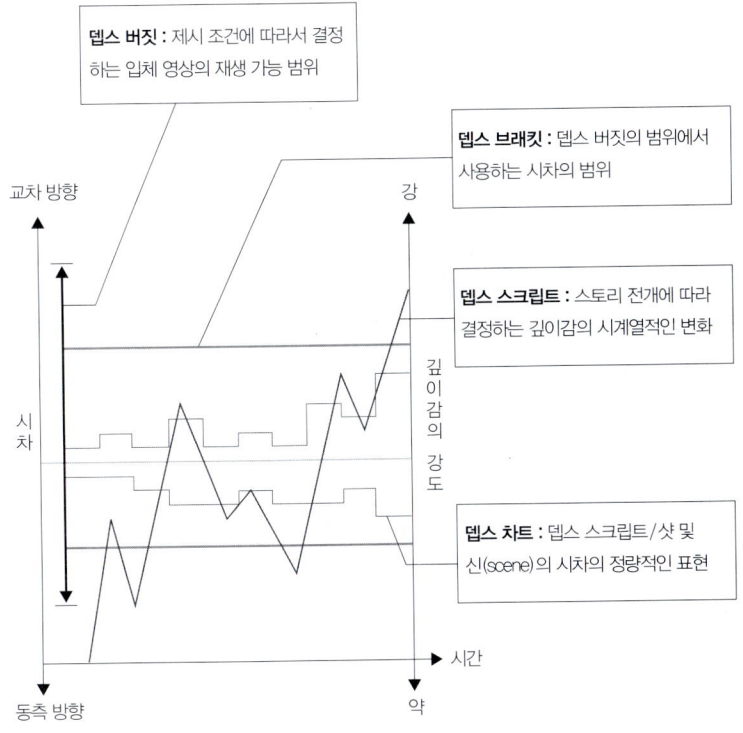

● [그림 6.1] 3D 콘텐츠 설계의 예

01. 3D 콘텐츠의 설계

# 3D 콘텐츠 보정하기

3D 촬영에서는 좌우 카메라의 제반 조건을 맞추는 조정이 중요합니다. 조정 부족 때문에 수평 방향의 시차는 뎁스 차트에 충실하지만, 수직 방향의 시차나 좌우의 카메라에서 발생하는 영상 간의 색조 차이가 생기면 불쾌감을 유발할 수 있습니다. 실사의 3D 콘텐츠는 CG나 2D/3D 변환과는 달리 촬영 후의 보정에 한계가 있습니다. 단 최근의 포스트 프로덕션 시스템이나 소프트웨어에는 3D 콘텐츠용의 보정 기능을 탑재하고 있습니다. 이러한 상황에 앞서 2000년부터 필자들은 3D 콘텐츠의 포스트 프로덕션용 소프트웨어의 개발에 종사했습니다. 주식회사 렛츠코퍼레이션(일본 상장회사)과 함께 개발 및 실용에 성공한 소프트웨어의 메인 화면과 시차 조정 화면을 [그림 6.2]와 [그림 6.3]에 소개했습니다.

이것은 실사의 3D 콘텐츠를 대상으로 촬영 후의 보정 기능을 정리한 윈도우 PC용의 소프트웨어이며, 현재의 포스트 프로덕션에서도 사용하는 기본적인 기능을 구현했습니다. 다음은 이 소프트웨어의 주요 기능을 정리한 것입니다. [그림 6.2]와 [그림 6.3]에서 포스트 프로덕션의 3D 콘텐츠 보정을 쉽게 상상할 수 있습니다.

- 다양한 포맷의 3D 콘텐츠 입·출력
- 좌우 영상을 시계열로 표시하고 동기를 확인 및 조정
- 수평 및 수직 시차 보정
- 좌우의 회전 차이 보정
- 좌우 영상의 크기 보정
- 좌우 영상의 휘도와 콘트라스트 보정
- 좌우의 퍼스펙티브 차이 보정
- 좌우의 색조 보정

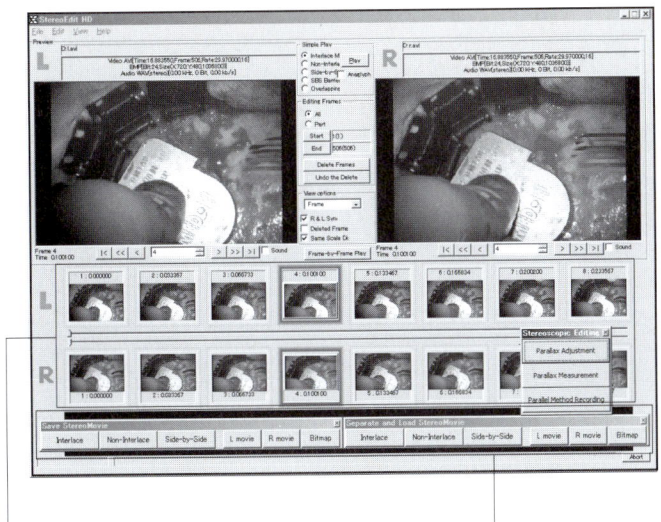

● [그림 6.2] 필자들이 개발한 소프트웨어의 메인 화면

좌우 영상을 시계열로 표시하고 동기를 확인 및 조정

다양한 포맷의 3D 콘텐츠 입·출력

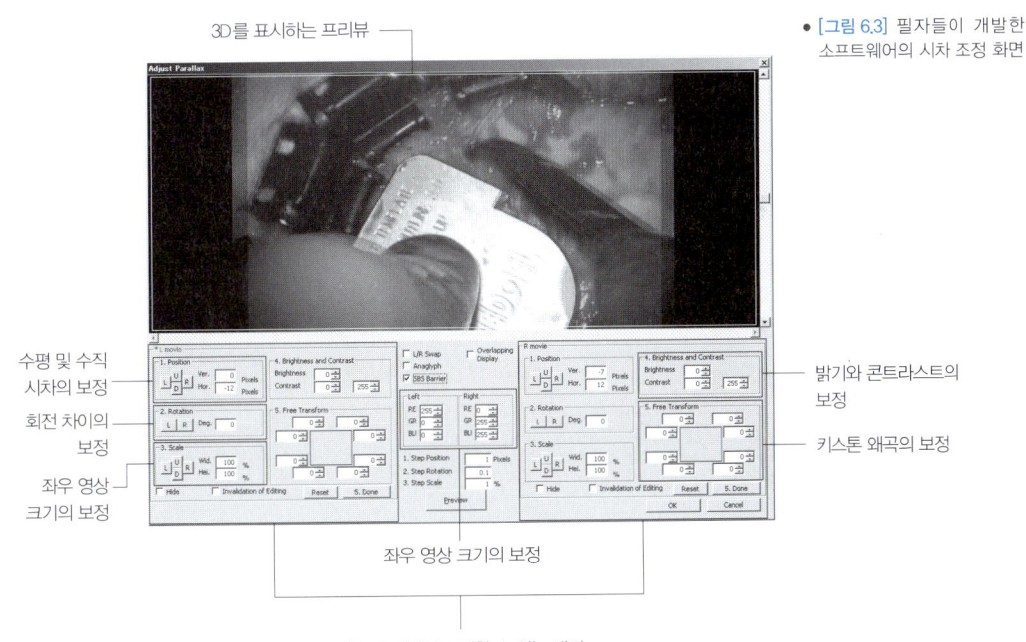

● [그림 6.3] 필자들이 개발한 소프트웨어의 시차 조정 화면

3D를 표시하는 프리뷰

수평 및 수직 시차의 보정
회전 차이의 보정
좌우 영상 크기의 보정

좌우 영상 크기의 보정

밝기와 콘트라스트의 보정
키스톤 왜곡의 보정

좌우 독립해서 보정할 수 있는 배치

02. 3D 콘텐츠 보정하기　143

현재 포스트 프로덕션에서 많은 시스템과 소프트웨어를 통해 구현하는 기본적인 보정 기능에는 다음과 같은 것들이 있습니다.

## 좌우 영상의 수평 및 수직 조정

평행법으로 3D 촬영을 할 때 재생하는 화면에서 카메라의 간격만큼 영상의 중심을 같은 방향으로 이동해서 보정해야 합니다. 또한 조정이 부족해서 생기는 수직 시차는 좌우 영상의 상하 조정과 트리밍으로 어느 정도 보정할 수 있습니다. 단 화면의 위치에 따라 수직 시차의 양이 변하면 회전 차이의 보정도 시행해야 합니다.

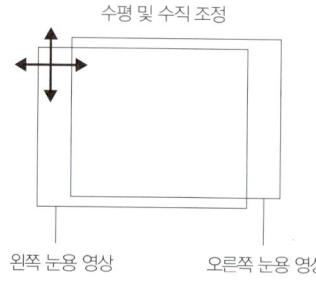 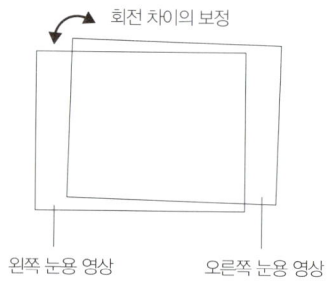

- [그림 6.4] 좌우 영상의 수평 및 수직 조정과 회전 차이의 보정

## 퍼스펙티브 보정하기

교차법으로 촬영한 영상에는 좌우 영상의 가장자리에 '키스톤 왜곡'이라는 수직 시차가 발생합니다. 이 왜곡은 퍼스펙티브(perspective)를 보정해서 해소 또는 줄일 수 있습니다. 이러한 퍼스펙티브의 보정은 팬토그램의 표현에도 적용할 수 있습니다.

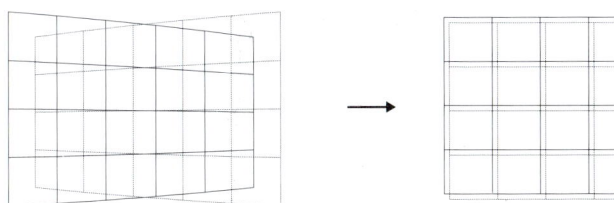

● [그림 6.5] 키스톤 왜곡의 보정

 ## 색 보정하기

3D 촬영에서 좌우 카메라의 조정이 부족하면, 예를 들어 화이트 밸런스나 감도, 셔터 스피드, 조리개의 설정이 다르면 좌우 영상의 색조나 밝기에 차이가 생깁니다. 이러한 색채 등의 좌우 차이는 콘텐츠의 품질에 영향을 미치고 차이가 클 경우 망막경합 등의 부정적인 영향을 끼칠 수 있는데, 이러한 색채의 보정은 '색 보정(color correction)'이라고 합니다. 색 보정은 2D 영상에서는 연출의 하나로 널리 이용하지만, 3D 영상에서는 좌우의 색채를 일치시키는 것이 가장 중요합니다.

색 보정

## 피사계 심도의 효과

3D 영상에 피사계 심도의 효과를 더해서 융합 범위가 넓어집니다. 또한 피사계 심도의 효과는 피사체까지의 거리에 의해 초점을 흐리게 하는 작업을 추가하는 것입니다. 이것은 교차 방향과 동측 방향의 대상 간 시차 각 차이가 커서 융합이 어려운 영상을 보정할 수 있습니다. 단 초점을 흐리는 영역이 좌우 영상에서 완벽히 일치하지 않으면 망막경합 등의 원인이 되므로 주의해야 합니다. 또한 초점이 흐려진 위치나 양이 적절하지 않으면 오히려 불쾌할 수도 있습니다.

- [그림 6.6] 피사계 심도의 효과 부가하기

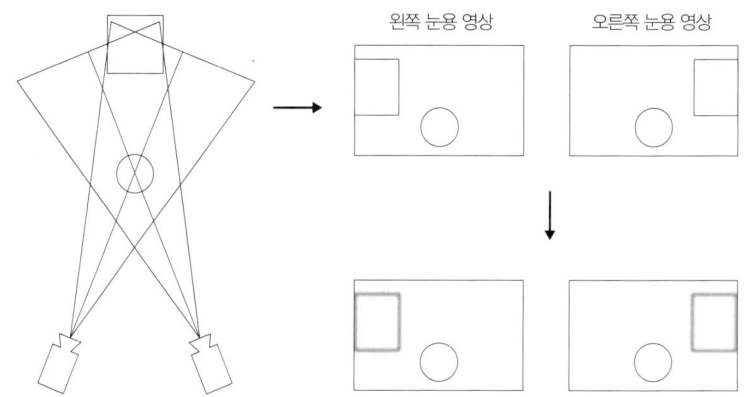

# 03 3D 콘텐츠 평가하기

'좋은 3D 콘텐츠란?'이라는 질문에 한 마디로 대답하는 것은 불가능합니다. 하지만 관점을 특정하는 것으로 어떤 척도에 대해 긍정적 또는 부정적인 가치 판단을 내릴 수 있는데, 일반적으로 이것을 '평가'라고 합니다. 평가는 '가치나 값을 정하는 것'으로, 콘텐츠에 대해서도 다양한 관점에서 평가할 수 있습니다. 예를 들어 다양한 예술 이론에 근거하여 콘텐츠의 가치를 해석 및 비평하는 것은 작품으로서의 평가라고 말할 수 있습니다. 또한 비즈니스 모델의 관점에서 '팔린다', '팔리지 않는다'라고 판단하는 것은 상품으로서의 평가라고 할 수 있습니다. 3D 콘텐츠에서는 2D와 비교할 때 안전성과 쾌적성이라는 사용자 경험의 관점에서 평가하는 것이 특히 중요한데, 이것을 '인간공학적 평가'라고 부릅니다.

인간공학적 평가

## 인간공학적 평가

3D 콘텐츠의 관찰할 때 2D보다 과도한 부담을 주지 말아야 합니다. 한편 안전성을 추구해서 끝없이 2D에 근접시키면 3D의 의미 자체가 없어져 버립니다. 그러므로 안전성과 동시에 본래의 연출 의도에 근거하여 충분히 깊이감을 표현하는지 쾌적성과 양립을 목표로 평가해야 합니다. 이것을 위한 접근 방법의 하나로 인간공학적 평가를 들 수 있습니다. 안전성, 특히 3D에 의한 시각적인 부담 및 피로에 대해 종래의 안과학(眼科學) 및 인간공학 분야에서 이용한 평가 방법을 적용할 수 있다는 것은 많은 연구 및 보고서에서 입증되고 있습니다. 하지만 3D의 특징인 쾌적성에 대해서는 아직 평가 방법이 확립되었다고 말할 수 없습니다. 일반적으로 인간공학적 평가 방법은 크게 '주관 평가법'과 '객관 평가법'으로 나눌 수 있습니다.

주관 평가법은 심리적인 반응에 근거한 평가이고, 객관 평가법은 심리적인 반응에 직접 관계하는 생리적인 현상에 근거한 평가입니다. 다음은 안정 피로에 대한 평가 방법과 필자들의 대처 방안의 개요를 소개한 것입니다.

## 안정 피로 평가하기

피로는 원래 주관적이며, 객관적인 지표로 직접 측정할 수 없습니다. 따라서 안정 피로는 우선 '눈이 피곤해졌다'라는 자각적인 호소를 파악하는 것이 전제됩니다. 자각 증상의 파악에는 복수의 질문 항목에 대해 단계적인 평정(평가하여 정함)을 추구하는 질문지법을 많이 사용하고 자각 증상과 상관이 있는 객관적인 지표를 이용해서 평가합니다.

안정 피로의 자각적인 호소의 상승과 큰 상관이 있는 지표에는 초점 조절과 폭주가 있습니다. 안정 피로의 자각 증상과 상관하는 초점 조절 기능의 저하에는 초점 조절 시간의 지연이나 초점 조절력의 쇠퇴 등이 있습니다. 이들을 계측하는 지표에는 초점 조절 기능을 타각(남이 보아도 증세를 알 수 있는)적으로 측정하는 장치인 적외선 옵토미터(infrared optometer)를 이용하고 있습니다. 적외선 옵토미터는 안경 및 콘텍트렌즈를 맞출 때 체험하는 장치입니다.

옵토미터의 내부 지표를 스텝에 맞춰 원근 방향에 교대로 제시하면 초점 조절 응답의 긴장과 이완을 포착할 수 있으며, 이것에 의해 초점 조절 시간을 계측할 수 있습니다. [그림 6.7]은 옵토미터를 이용한 초점 조절 기능을 측정하는 모습이고, [그림 6.8]은 측정 결과의 예입니다. 안전성의 관점에 의한 3D 콘텐츠의 평가에서는 하나의 방법으로 이러한 자각 증상 및 객관 지표의 변화를 관찰 전후 또는 2D 콘텐츠와 비교하여 검증합니다.

> 질문지법

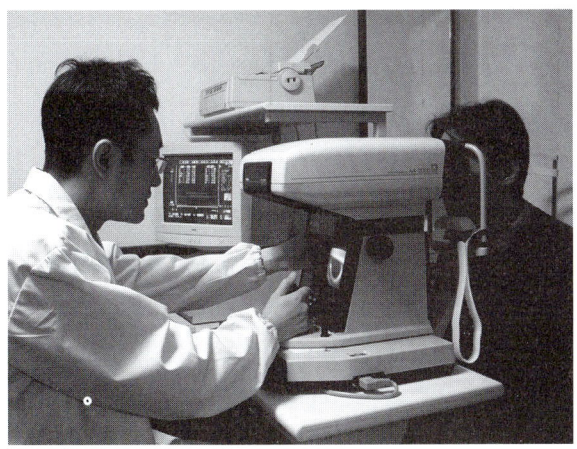

• [그림 6.7] 옵토미터를 이용해 초점 조절 기능 계측하기

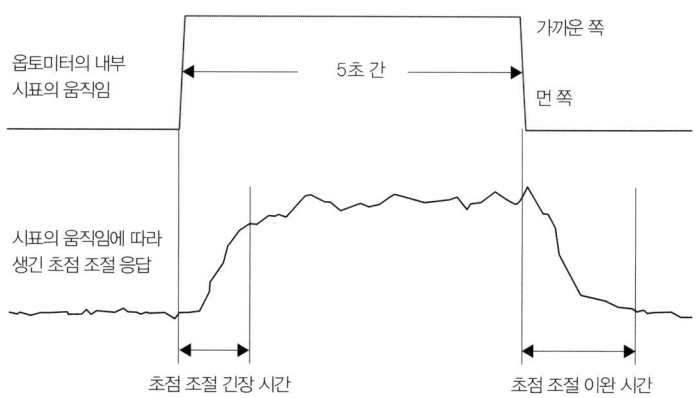

- [그림 6.8] 옵토미터를 이용한 초점 조절 기능의 측정 결과

## 🔶 인간공학적 평가와 제작 과정

실제의 3D 콘텐츠의 제작 및 공개는 규모나 기간이 다양하며, 모든 작품에 대해 앞에서 서술한 평가를 시행하는 것은 현실적이지 않습니다. 하지만 매우 적은 인원의 주관적인 인상만으로 안전성을 검증하는 것은 위험합니다. 예를 들어 3D 콘텐츠를 편집할 때 장시간에 걸쳐 시각 작업을 하면 눈의 피로 등에 의해 현재 어느 정도의 시차가 설정되었는지 판단하기 어려운 상태가 되기도 합니다. 또한 제작 현장에서 적정 시차를 판단하는 것은 가이드라인 등의 객관적인 기준뿐만 아니라 종종 경험적이면서 주관적인 판단 기준으로 실행되기도 합니다. 따라서 3D 콘텐츠의 인간공학적 평가 프로세스를 무리하지 않는 형태로 제작 과정에 넣을지 고민하는 것이 중요합니다.

이러한 사고 방식에 근거하여 필자들은 3D 콘텐츠의 평가 시스템을 개발하고 있습니다. 이제까지 시작한 시스템에서는 시거리와 화면 크기로부터 제시 조건을 입력하고 같은 프레임의 좌우 영상을 불러온 후 옵티컬 플로(optical flow)를 구하는 화상 처리를 근거로 해서 영상 간에 포함하는 시차의 분포를 구하고 있습니다. 옵티컬 플로는 동영상 중의 프레임에서 각 점의 이동 방향과 이동 거리를 나타내는 모션 벡터(motion vector, 움직임 영상에 대한 방향과 크기값)로, 원래는 시계열의 모션 벡터를 해석할 때 이용한 수법입니다. 이 시차의 분포를 미리 책정한 안전성과 쾌적성의 기준과 대조하는 것으로 3D 콘텐츠를 종합 평가하는 구조입니다.

> 옵티컬 플로

```
┌─────────────────────────────┐
│    시거리와 화면 크기의 입력    │
└─────────────────────────────┘
┌──────────────┐  ┌──────────────┐
│ 왼쪽 눈용 영상의 입력 │  │ 오른쪽 눈용 영상의 입력 │
└──────┬───────┘  └──────┬───────┘
       ▼                 ▼
┌─────────────────────────────┐
│ 화상 처리에 의한 영상 간의 시차 분포의 산출 │
└──────┬──────────────┬───────┘
       ▼              ▼
┌──────────────┐  ┌──────────────┐
│ 안전성의 기준값과 대조 │  │ 쾌적성의 기준값과 대조 │
└──────┬───────┘  └──────┬───────┘
       ▼                 ▼
┌─────────────────────────────┐
│    안전성 및 쾌적성의 평가 결과 표시    │
└─────────────────────────────┘
```

● [그림 6.9] 필자들의 테스트 평가 시스템 과정

현재는 제5장에서 소개한 기존의 의견으로부터 안전성의 기준값을 교차 방향에서 시차각 1°, 동측 방향에서 재생하는 화면에서 차이가 평균적인 동공 간격 이내로 각각 가정하여 설정했습니다. 이 경우 역치(반응을 일으키는 최소의 단위)를 넘는 화소가 일정 면적 이상을 차지하면 주의해야 합니다.

한편 쾌적성의 기준값에 대한 식견은 아직 충분하지 않기 때문에 필자들의 실험 결과를 근거로 하고 있습니다. 그리고 교차 및 동측 방향으로 각각의 기준 범위에 해당하는 화소가 일정 면적 이상을 차지하면 입체감이 적절하게 분포되어 균형을 이룬다고 가정했습니다. [그림 6.10] 및 [그림 6.11]은 이러한 평가 시스템의 동작 예입니다. 이들은 안전성 및 쾌적성의 관점에서 시차가 어떻게 분포되어 있는지 가시화하고, 직관적으로 파악할 수 있는지 의도하고 있습니다.

단일 프레임뿐만 아니라 시계열적으로 분석하여 부담의 축적 및 급격한 시차의 변화 등도 평가할 수 있습니다. 또한 시차 분포의 공간적인 해석으로, 인형극장 효과나 카드보드 효과 등의 평가에 응용하는 것도 기대할 수 있습니다. 이 시스템은 현재도 개발중이지만, 앞에서 설명한 3D 콘텐츠의 보정용 소프트웨어나 PC 제어에 의한 3D 촬영 시스템에 실제로 접목하여 다양하게 실험하고 있습니다.

이러한 안전성 및 쾌적성의 관점에서 3D 콘텐츠의 제작 지원을 의도한 대처의 경우 제3장에서 소개한 3ality Digital LLC 등에서도 시행하고 있으므로 이미 실용 단계입니다. 이후 이러한 3D 콘텐츠의 인간공학적 평가라는 프로세스의 유용성 및 신뢰성을 향상시킨 것으로, 위화감 없이 제작 과정에 활용할 수 있을 것으로 기대됩니다.

- [그림 6.10] 안전성의 평가 결과 표시의 예(*배경은 평가 대상에서 제외)

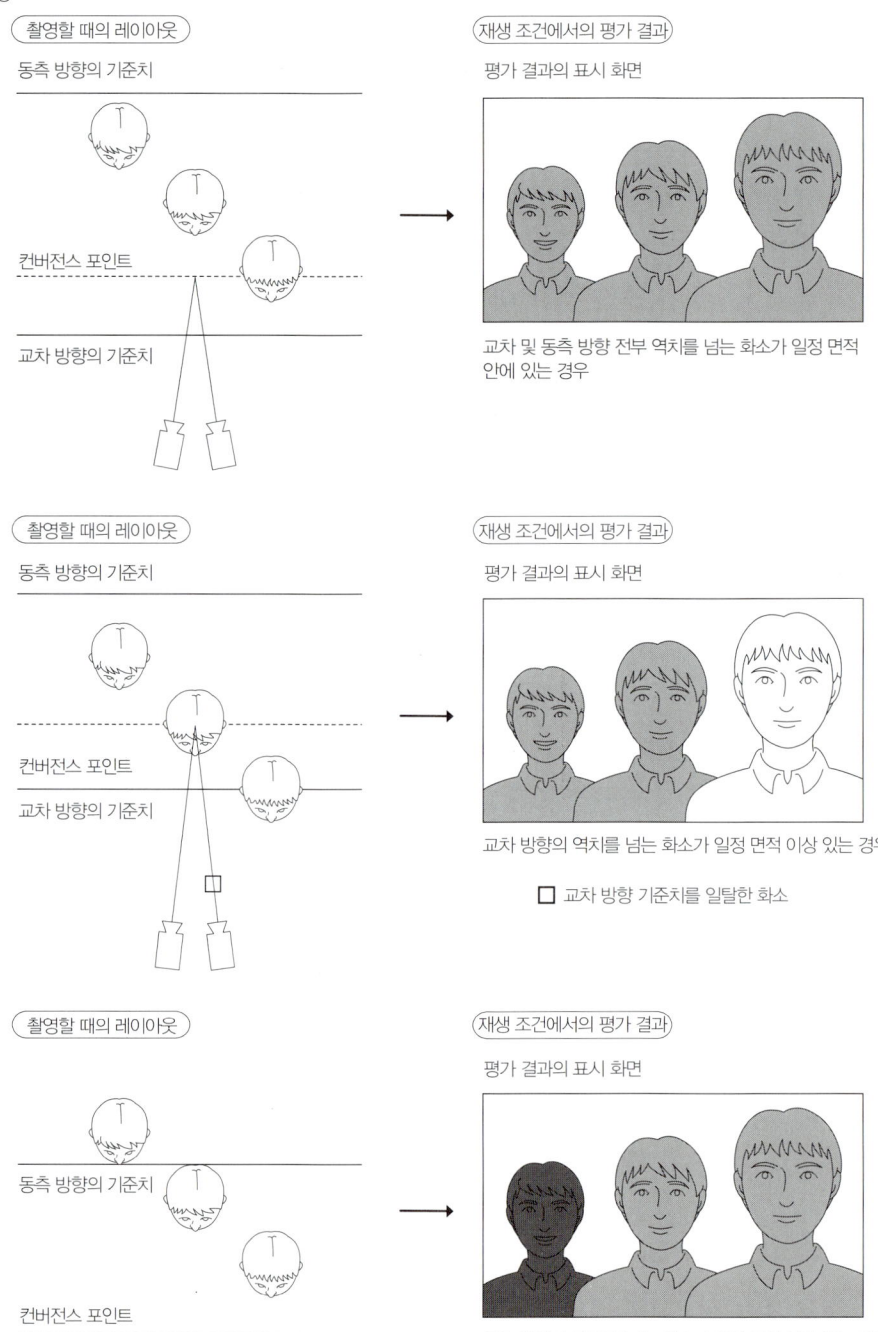

● [그림 6.11] 쾌적성의 평가 결과 표시의 예. (*배경은 평가 대상에서 제외)

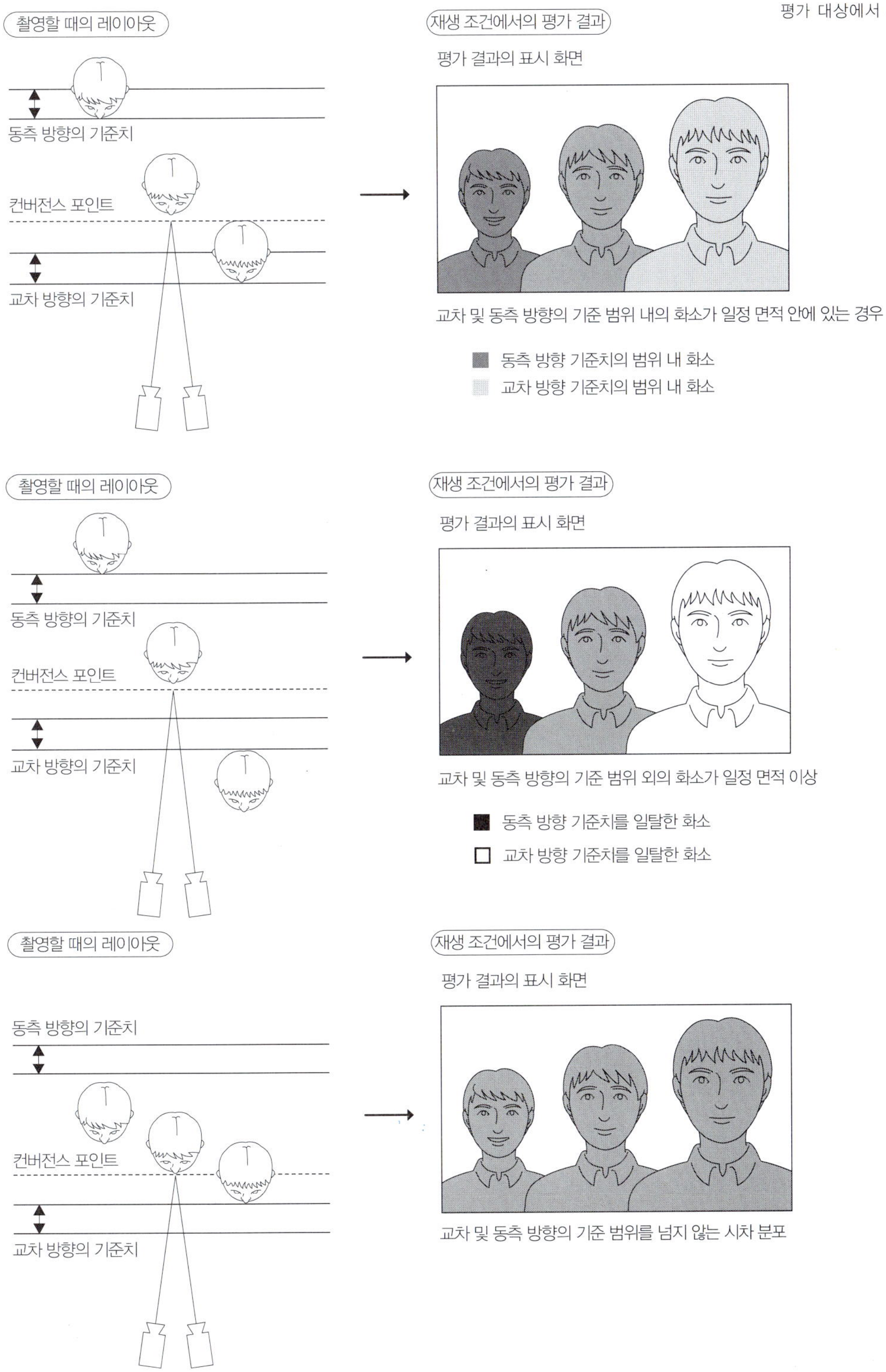

촬영할 때의 레이아웃

동측 방향의 기준치
컨버전스 포인트
교차 방향의 기준치

재생 조건에서의 평가 결과

평가 결과의 표시 화면

교차 및 동측 방향의 기준 범위 내의 화소가 일정 면적 안에 있는 경우

■ 동측 방향 기준치의 범위 내 화소
□ 교차 방향 기준치의 범위 내 화소

촬영할 때의 레이아웃

동측 방향의 기준치
컨버전스 포인트
교차 방향의 기준치

재생 조건에서의 평가 결과

평가 결과의 표시 화면

교차 및 동측 방향의 기준 범위 외의 화소가 일정 면적 이상

■ 동측 방향 기준치를 일탈한 화소
□ 교차 방향 기준치를 일탈한 화소

촬영할 때의 레이아웃

동측 방향의 기준치
컨버전스 포인트
교차 방향의 기준치

재생 조건에서의 평가 결과

평가 결과의 표시 화면

교차 및 동측 방향의 기준 범위를 넘지 않는 시차 분포

03. 3D 콘텐츠 평가하기

- [그림 6.12] 시차 분포의 공간적인 해석에 의한 카드보드 효과의 판정

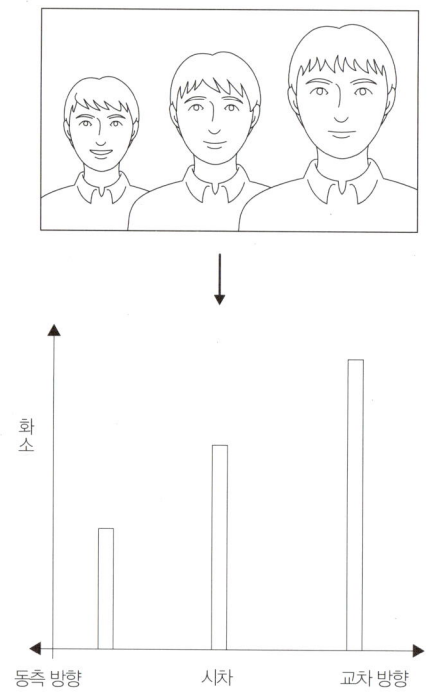

##  인간공학적 평가와 스케러블 변환

평가 시스템에 시거리와 화면 크기를 입력한 것은 제시 조건에 의해 시차가 변하기 때문인데, 이것은 제3장에서 3D 영상의 기본 아티팩트로 소개했습니다. 예를 들어 소형 모니터에서는 적절했던 평가 결과가 대형 스크린에서는 부적절하다는 결과가 나오는 것도 제시 조건과 3D 콘텐츠의 조합에 따라서 발생할 수 있습니다. 이후 3D 디스플레이를 다양하게 활용하면서 같은 3D 콘텐츠를 다른 제시 조건으로 관찰하는 기회가 증가할 것입니다. 이런 상황에서도 앞에서 밝힌 평가 시스템을 응용할 수 있습니다.

구체적으로는 다른 제시 조건을 입력했을 때의 평가 결과를 기준으로 해당 보정량을 산출하여 콘텐츠에 반영하는 응용 시스템인데, 이것을 '스케러블 변환(scalable conversion)'이라고 합니다. 현재의 개발 상황은 아직 테스트 프로그램의 단계로, 저작권의 동일성을 유지하는 관점에서 최소한의 수평 시프트나 트리밍 등에 의한 변환 처리를 전제로 하기 때문에 보정 가능 범위는 한정되어 있습니다. 단 보정 결과에 대한 평가 실험에서는 상응한 효과를 인정받고 있습니다. [그림 6.13]에서는 스케러블 변환의 사고 방식을, [그림 6.14]에서는 응용 이미지를 제시했습니다.

> 스케러블 변환

- [그림 6.13] 스케러블 변환의 기본적인 사고 방식

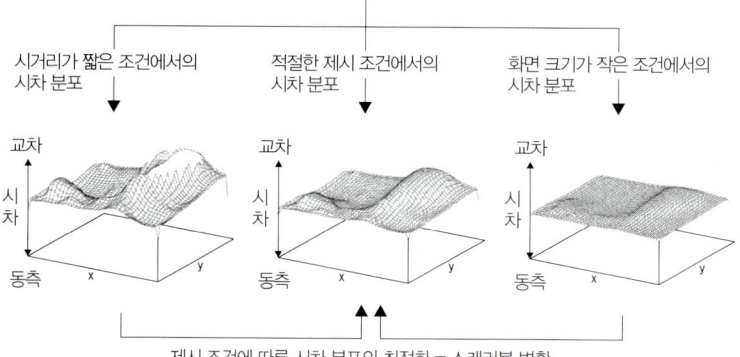

- [그림 6.14] 스케러블 변환의 응용 이미지

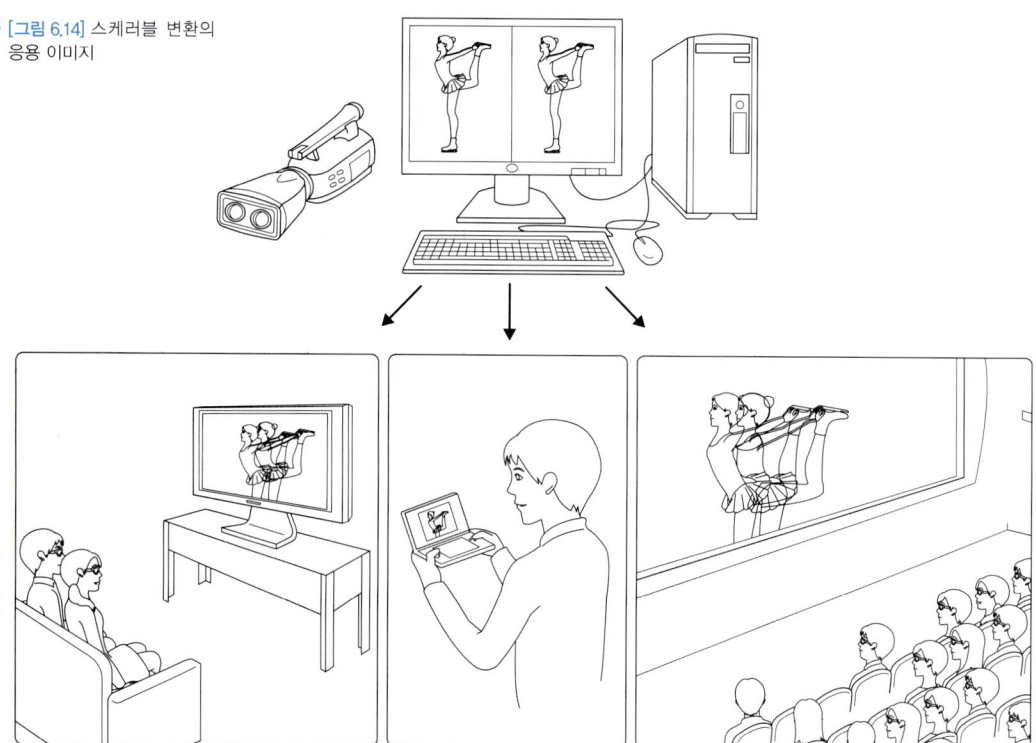

앞에서 제시한 스케러블 변환에서 어떤 처리를, 어느 경로로 실행할 것인지 등은 이후에도 많이 논의해야 합니다. 예를 들어 제작 단계에서 미리 복수의 버전을 준비할 것인지, 유통할 때 대처할 것인지, 또는 3D TV의 튜너에 이러한 기능을 장착할 것인지 등에 대해 다양한 가능성을 고려할 수 있습니다. 어떠한 방식이든지 3D 콘텐츠의 제작 및 공개에서 사용자의 경험을 중요시하고, 접근 방식 및 방법론을 제작 공정 및 활용 과정에 접목하는 것이 중요합니다.

## 참고 문헌

T. Kawai, T. Shibata, T. Inoue, Y. Sakaguchi, K. Okabe, Y. Kuno: Development of software for editing stereoscopic 3D movies, SPIE, Vol. 4660, p.58~65(2002)

T. Kawai, S. Kishi, T. Yamazoe, T. Shibata, T. Inoue, Y. Sakaguchi, K. Okabe, Y. Kuno, T. Kawamoto:Ergonomic evaluation system for stereoscopic video production, SPIE, Vol. 6055, p.445~452(2006)

S. Kishi, N. Abe, T. Shibata, T. Kawai, M. Maeda, K. Hoshi:Stereoscopic camera system with creator-friendly functions, SPIE, Vol. 7237, p.72371M-1-9(2009)

S. Kishi, S. S. Kim, T. Shibata, T. Kawai, J. Hakkinen, J. Takatalo, G. Nyman: Scalable 3D image conversion and ergonomic evaluation, SPIE, Vol. 6803, p.68030F-1-9(2008)

LESSEON 07

# 3D의 포맷과 표준화

· 3D 영상과 포맷
· 3D 영상의 배치 포맷
· 3D 영상의 미디어 포맷
· 방송과 3D 포맷

**3D의 포맷과 표준화**

**HDMI**

**3**D TV의 본격적인 시판에 맞춰 콘텐츠의 유통에 주목하고 있습니다. 일반적으로 영상 콘텐츠는 영화의 배급 및 방송, 통신, 패키지 미디어의 판매 등 다양한 유통 형태를 취하고 있는데, 그 점에서 3D도 같은 맥락에서 고찰할 수 있습니다. 한편 3D 콘텐츠는 좌우 영상으로 구성되는 특수성 때문에 콘텐츠의 유통 및 호환성을 확보할 수 있는 공통 포맷이 필요합니다. 이를 위해 최근 3D 포맷과 표준화 작업이 이루어지고 있습니다. 예를 들어 2009년 12월에 Blu-ray 3D의 표준화가 결정되었습니다. 또한 영상의 전달 방식 및 물리적인 포맷인 HDMI(High-Definition Multi-media Interface)에도 3D 영상 신호에 대해 규정하고 있습니다. 이런 새로운 포맷의 등장과 함께 이전의 포맷에 3D를 기록하는 방법도 검토중입니다. 특히 TV 방송처럼 지금 당장 변경할 수 없는 포맷은 기존의 것과 호환성을 염두에 둔 기록 및 전송 방식을 고려할 필요가 있습니다.

이 장에서는 3D 영상의 포맷과 표준화에 대한 기초적인 정보를 설명합니다.

# 01 3D 영상과 포맷

양안식의 3D 영상은 좌우 눈에 대응하는 두 가지 영상으로 구성되어 있습니다. 즉 3D를 기록한다는 것은 두 가지 영상을 하나의 파일에 배치하는 것으로, 특별한 포맷을 이용하지 않아도 이전의 정지 영상, 동영상 파일과 같은 포맷으로 3D를 기록할 수 있습니다. 하지만 이전의 포맷에 3D 특유의 정보를 포함한다면 편집 및 제시 과정에서 두 가지 영상의 배치를 판단하는 것과 해상도의 제한이 있는 것 등 많은 문제가 발생할 수 있습니다. 이때 이전의 주요 포맷으로 BMP 형식과 JPEG 형식 등을 제시할 수 있습니다.

BMP와 JPEG 형식은 2D 영상의 기록을 목적으로 한 포맷으로, 해상도를 비교적 자유롭게 선택할 수 있습니다. 해상도의 규격으로는 PC에서 이용할 수 있는 모니터 크기를 기준으로 'VGA(640×480pixel)', 'XGA(1024×768pixel)', 'WUXGA(1920×1200pixel)'라고도 부릅니다. 최근에서는 영상 콘텐츠를 PC 모니터로 시청하는 기회도 늘어났기 때문에 TV 모니터의 해상도를 많이 이용하고 있습니다.

동영상은 정지 영상이 시계열(時系列)로 연속적으로 표현되는 것으로 생각할 수 있지만, 3D의 동영상 포맷에서는 화상의 배치와 압축을 고려해야 합니다. 일반적으로 동영상 포맷에서는 TV 모니터 해상도의 규격에 맞춰 프레임 해상도를 규정하기도 합니다. 왜냐하면 PC 모니터로 재생하는 동영상 파일은 어느 정도 해상도를 자유롭게 설정할 수 있지만, TV 모니터에서 재생하는 DVD 등의 미디어는 해상도의 규격이 정해져 있기 때문입니다. DVD는 720×480 픽셀, 블루레이 및 지상 디지털 방송에서는 1920×1080 픽셀 해상도로 각 영상을 기록하고 있습니다. 또한 동영상의 해상도는 수직 방향의 해상도를 기준으로 세로 720 픽셀 미만은 SD(Standard Definition)로, 그 이상은 HD(High Definition)로 분류합니다.

SD
HD

# 3D 영상의 배치 포맷

좌우 영상을 배치하는 포맷에는 다음과 같이 대표적인 몇 가지 형식이 있습니다.

## ◆ 사이드 바이 사이드

사이드 바이 사이드(side-by-side)에서는 좌우 영상을 그대로 수평으로 배치하여 하나의 3D 영상으로 기록합니다. 이때 각 영상의 해상도를 그대로 보유하여 좌우 2배의 수평 해상도로 기록하는 방식과 수평 해상도를 절반으로 압축하여 원래의 영상과 같은 해상도로 기록하는 방식이 있는데, 후자를 '사이드 바이 사이드와 사이드 바이 사이드 하프(side-by-side half)'라고 부릅니다.

좌우 영상을 원래의 해상도로 배치하면 정보량이 떨어지지 않지만, 파일 크기는 단순 계산으로 2배가 됩니다. 사이드 바이 사이드와 사이드 바이 사이드 하프에서는 해상도나 파일 크기가 원래의 영상과 일치하므로 방송 콘텐츠나 패키지 콘텐츠로 널리 이용하고 있습니다. 하지만 3D로 제시할 때는 좌우 영상을 수평 방향으로 확대해야 하므로 정보량이 반감됩니다.

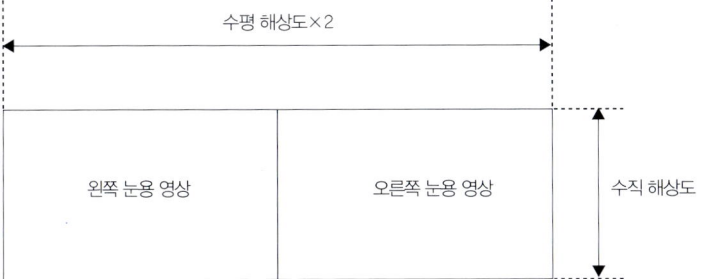

● [그림 7.1] 사이드 바이 사이드

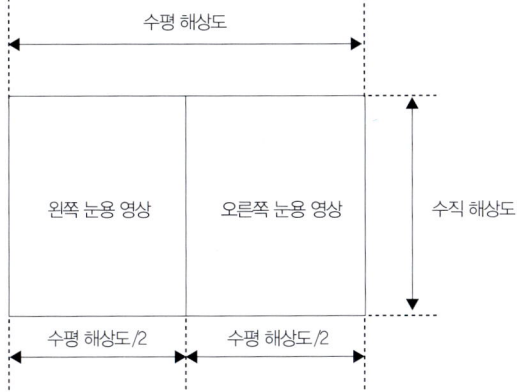

● [그림 7.2] 사이드 바이 사이드 하프

### 톱 앤드 보텀

톱 앤드 보텀(top-and-bottom)은 좌우 영상을 수직으로 배치하여 하나의 3D 영상으로 기록합니다. 사이드 바이 사이드처럼 좌우 영상의 수직 해상도를 그대로 보유하는 방식과 수직 해상도를 절반으로 압축하는 방식이 있습니다. 사이드 바이 사이드와 톱 앤드 보텀은 3D 디스플레이의 방식에 따라 해상도의 열화(劣化)에 차이가 있습니다. 예를 들어 제2장에서 소개한 μPol/xPol을 이용한 3D 디스플레이에서는 항상 수직 해상도가 반감되며, 톱 앤드 보텀과 톱 앤드 보텀 하프에서는 정보량이 절반으로 반감됩니다. 이에 대해 사이드 바이 사이드와 사이드 바이 사이드 하프에서는 수평 해상도도 반감되므로 정보량이 1/4로 열화됩니다.

- [그림 7.3] 톱 앤드 보텀

- [그림 7.4] 톱 앤드 보텀 하프

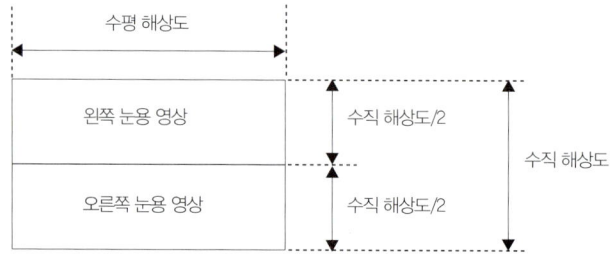

## 라인 바이 라인

라인 바이 라인(line-by-line)은 좌우 영상을 수평 또는 수직 1라인마다 교대로 배치합니다. 원래의 영상과 해상도는 같지만, 수직이나 수평 방향의 정보량이 반감됩니다. 1라인마다 교대로 배치되므로 JPEG 등의 화소 블록 단위로 압축하는 포맷으로 기록할 때는 주의해야 합니다. 왜냐하면 화상을 압축할 때 인접하는 화소의 영향을 받으므로 1라인마다 분할해서 표시하면 화질의 열화나 크로스토크(cross-talk)가 발생할 수 있습니다.

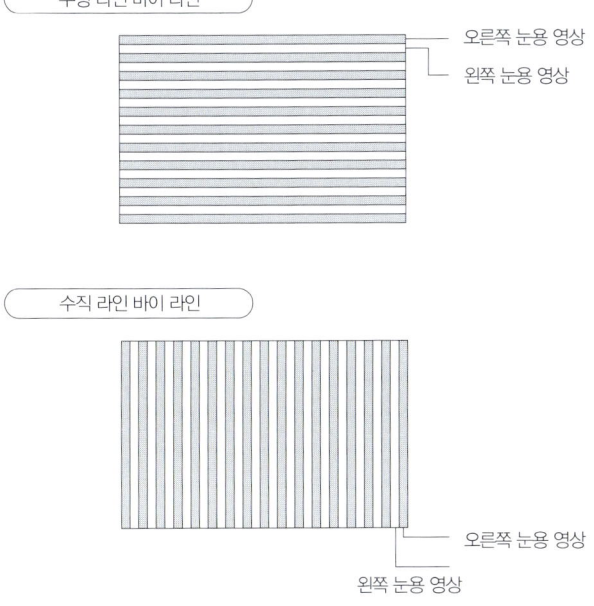

● [그림 7.5] 수평 라인 바이 라인과 수직 라인 바이 라인

### 체커보드

체커보드(checkerboard)는 좌우 영상을 1화소마다 수직 및 수평 양방향에 교대로 배치합니다. 실제로는 원래 영상의 해상도가 반감되지만, 라인 바이 라인 하프 형식보다 화질의 열화가 적은데, 이 방식을 '퀸컹크스(quincunx, 주사위의 5의 형태로, 하나는 중심부에, 넷은 대각선의 주변에 배열하는 형태)'라고도 부릅니다. 그러므로 라인 바이 라인처럼 인접 픽셀의 영향을 받지 않는 압축 포맷을 사용하는 것이 적합합니다.

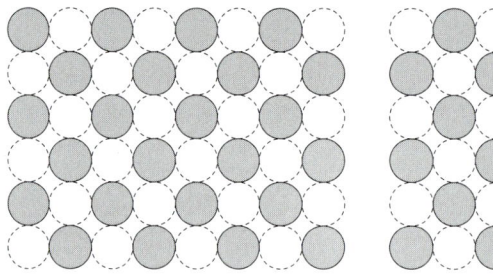

왼쪽 눈용 영상             오른쪽 눈용 영상

• [그림 7.6] 체커보드

##  프레임 시퀀셜

프레임 시퀀셜(flame sequential)은 좌우 영상을 1프레임마다 시간 축의 방향에 교대로 배치합니다. 프레임 시퀀셜에서는 시간 해상도가 반감되지만, 공간 해상도의 열화가 없는 것이 특징입니다. 또한 시간 해상도는 프레임레이트(frame rate)를 배(倍)로 해서 열화를 방지할 수 있습니다.

• [그림 7.7] 프레임 시퀀셜

# 03 3D 영상의 미디어 포맷

좌우 영상을 하나의 영상으로 기록하는 형식에서는 해상도가 고정된 미디어를 고려하여 대부분 정보량을 반감시켜서 기록합니다. 그러나 최근 3D 디스플레이가 보급되면서 원래의 정보량을 유지한 상태에서 3D 영상을 기록하는 미디어 포맷이 등장하고 있습니다.

##  Blu-ray 3D

Blu-ray 3D는 2009년 12월 블루레이협회(BDA ; Blu-ray Disc Association)에서 결정한 미디어 포맷입니다. 이제까지 2D와 같은 미디어에 3D 영상을 기록하려면 일반적으로 정보량을 반감시켰지만, Blu-ray 3D 규격에서는 HD(1920×1080 pixel)의 해상도 및 프레임레이트를 유지하면서 좌우 영상을 기록할 수 있습니다. Blu-ray 3D에서는 정보량의 열화 없이 3D 영상을 기록하기 위해 이전의 MPEG-AVC를 확장한 MPEG-MVC(Multi-view Video Coding)를 채택했습니다.

좌우 영상을 각각 압축해서 기록하면 2D와 비교해서 파일 크기가 두 배가 됩니다. 이것은 미디어의 용량뿐만 아니라 미디어로부터 데이터를 읽는 속도 및 전송 속도 등에도 영향을 줍니다. MPEG-MVC에서는 좌우 영상을 상호 이용해서 파일 크기의 증가를 약 1.5배 정도로 압축하고 있습니다. 좌우 영상을 개별로 압축하는 것이 아니라 한쪽의 영상 정보를 기준으로 다른 한쪽을 압축합니다. 이러한 기준 영상을 독립적으로 재생할 수 있으므로 3D를 지원하지 않는 재생기에서는 일반적인 블루레이 디스크처럼 2D 영상을 재생합니다.

## MPO

MPO(Multi-Picture Object)는 제3장에 소개한 후지필름주식회사의 3D 디지털카메라에 이용한 포맷입니다. 이 포맷은 일본의 카메라영상기기공업회(CIPA ; Camera & Imaging Products Association)에서 포맷을 규격화하여 이전의 파일 포맷과의 호환성을 소유하는 것이 특징입니다. MPO는 복수의 영상을 하나의 파일로 다루는 포맷으로, 3D 이외에도 다시 점 영상 및 파노라마 영상 등에도 활용할 수 있을 것으로 기대됩니다. 영상의 기록 형식은 JPEG와 같지만, MPO 포맷인 것을 나타내기 위해 PC에서 취급할 때 확장자를 .mpo로 규정하고 있습니다. MPO에는 좌우 영상을 각각 기록하고 있으므로 지원하는 소프트웨어를 이용해 다양한 형식의 3D 영상을 표시할 수 있습니다.

이와 관련해서 3D 정지 영상 전용으로 .ssi(stereo still image) 포맷도 책정되어 있습니다. 이 포맷에서는 카메라 광축의 폭주각 및 기선장 등의 촬영 조건도 기록할 수 있으므로 제시 환경에 맞춰 최적화할 수 있습니다. 아직 널리 활용되지 않았지만, 이러한 3D 전용 포맷이 이후 크게 증가할 것으로 기대됩니다.

## HDMI 1.4a

HDMI는 디지털 가전기기의 접속 케이블 및 커넥터의 형상, 신호 등의 포맷입니다. 3D 콘텐츠의 재생을 지원하기 위해서 2010년 3월 HDMI 1.4a 포맷이 발표되었습니다. HDMI 1.4a에서는 3D 영상의 전송에 대한 다양한 형식을 규정하고 있습니다. 디스플레이쪽이 HDMI에 대응하는 기기로서 인증받으려면 모든 필수 형식에 지원해야 하는데, 콘텐츠는 이 중에서 적어도 하나 이상의 형식에 대응해야 합니다. 이것은 시청자가 모든 방식의 3D TV를 선택할 수 있고, 제작자가 어느 형식으로 작품을 제공해도 문제가 발생하지 않는다는 것을 전제로 하고 있습니다. [표 7.1]에서는 HDMI 1.4a로 규정하는 필수 형식입니다.

- [표 7.1] HDMI 1.4a로 규정하는 필수 형식

| 프레임 패킹(프레임 시퀀셜) | 1080p @ 23.98/24Hz |
| --- | --- |
|  | 720p @ 50/59.94/60Hz |
| 사이드 바이 사이드 및 하프 | 1080i @ 50/59.94/60Hz |
| 톱 앤드 보텀 및 하프 | 1080p @ 23.98/24Hz |
|  | 720p @ 50/59.94/60Hz |

프로그레시브

'1080i'나 '720p'라는 표기는 HD의 포맷을 나타냅니다. 수직 해상도가 명칭이 되어 1080p이면 1920×1080픽셀로 프로그레시브(progressive)하고, 1080i이면 같은 해상도에서 인터레이스 영상이 됩니다. 인터레이스가 1프레임의 수평 방향의 라인을 교대로 제시하는 것에 대해 프로그레시브는 한 화면의 정보를 한 번에 제시합니다. 따라서 인터레이스는 프로그레시브와 비교하여 실제의 프레임레이트가 절반이 됩니다. 한편 720p는 1280×720픽셀로 프로그레시브의 영상이 됩니다. 프레임 패킹(frame packing)에서 영상 신호는 왼쪽 눈용 프레임과 오른쪽 눈용 프레임을 차례대로 전송하며, 두 개의 2D 프레임을 합쳐서 하나의 3D 프레임이라고 합니다.

프레임 패킹에서는 포맷으로 표기하는 해상도와 프레임레이트가 좌우 한쪽의 정보량이 됩니다. 따라서 1080p는 24Hz, 720p는 60Hz라는 표기상의 상한으로, 실제의 전송 정보량은 각각 2배가 됩니다.

HDMI 1.3에서는 10.5Gbps의 전송 대역을 사용할 수 있도록 설정하여 1.4a의 전송 대역도 1.3과 같은 대역이 되었습니다. HDMI 1.3의 대역에서 1080p @ 60Hz의 2D 영상을 전송할 수 있지만, 3D에서 프레임 패킹으로 1080p @ 60Hz의 영상을 전송하려면 실제는 좌우 영상으로 1080p @ 120Hz의 정보량이 되므로 1.3의 규격을 사용하기에는 대역이 부족합니다.

이것은 이미 1080p @ 60Hz로 제시할 수 있는 3D TV가 시판되고 있는 현재 상황에서 HDMI 1.4a로는 해당 성능을 충분히 끌어낼 수 없다는 것이 한계입니다. 단 이러한 제한은 일반의 패키지 미디어에서는 크게 문제가 되지 않습니다. 왜냐하면 일반적인 영화 콘텐츠의 프레임레이트는 대부분 24Hz이며, 프레임 패킹으로 좌우 영상을 전송해도 표기상에서 1080p @ 24Hz를 전송할 수 있는 대역이 있으면 재생할 수 있기 때문입니다. 또한 전송 속도가 HDMI 1.3과 같다는 것은 이전의 재생기에도 1.4a의 3D 포맷을 지원할 경우 재생할 수 있다는 의미입니다. 실제로 2006년에 시판된 게임기 PlayStation 3(주식회사 소니 및 컴퓨터 엔터테인먼트)는 펌웨어(firmware, 일종의 프로그램)를 업데이트해서 3D 포맷을 지원하고 있습니다.

# 04 방송과 3D 포맷

전 세계적으로 이미 방송 위성(BS ; Broadcast Satellite) 및 통신 위성(CS ; Communication Satellite) 또는 케이블 TV를 통해 3D 콘텐츠를 방송하고 있습니다. 지상파, 위성, 케이블뿐만 아니라 방송이라는 미디어에서 3D 콘텐츠를 전송할 때 이전의 2D 영상 포맷과 호환성을 유지하는 것이 중요합니다.

3D 콘텐츠를 2D와 같은 포맷으로 전송하려면 공간이나 시간 해상도를 반감시켜야 합니다. 따라서 현재 방송하는 대부분의 프로그램에서는 사이드 바이 사이드와 사이드 바이 사이드 하프 방식을 채택하고 있습니다. 3D 콘텐츠가 좌우 독립된 파일이나 프레임 시퀀셜로 기록되어도 현재의 시스템으로는 원래의 영상의 정보량을 보유한 상태에서 방송할 수 없습니다. 특히 해상도는 3D 영상의 배치 포맷 및 3D 디스플레이의 방식이 방송용의 형식과 잘 맞지 않으면 정보량이 1/4로 열화되기도 합니다. 단 방송용 포맷의 표준화가 사이드 바이 사이드와 사이드 바이 사이드 하프로 결정된 것이 아니므로 이후 3D 디스플레이 및 콘텐츠의 활용을 고려하면 다른 형식으로 변환될 수도 있습니다.

• [그림 7.8] 기록부터 재생까지의 과정에서 해상도 열화의 극단적인 예

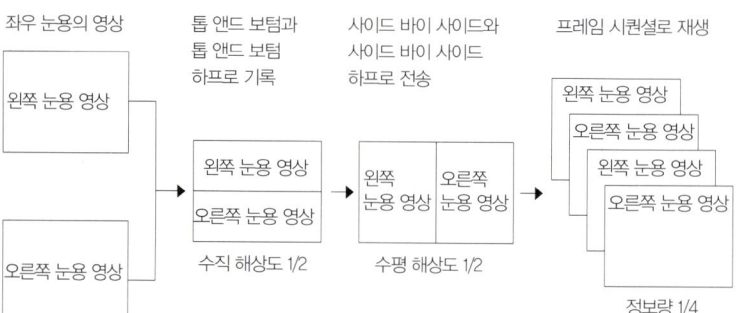

디지털 방송의 경우 영상 신호의 부호화에서는 MPEG2를 사용하고, 튜너나 셋톱박스(STB ; Set Top Box) 등의 수신기측에서는 복호화(decoding)를 거칩니다. 3D 콘텐츠 방송에서 이전과 같은 부호화 방식을 이용할 수 있을지, 또는 전용 방식이 필요할 것인지는 아직 분명하지 않지만 후자에서는 수신기측에서 새로 지원할 가능성도 있습니다. Blu-ray 3D에 이용한 MPEG-4 MVC에서는 이전의 Blu-ray에서 이용하는 MPEG-4 AVC의 하위 호환 기능을 소유하므로 MVC를 지원하지 않는 재생기에서는 2D 콘텐츠로 재생합니다. 이에 대해 현재의 상태에서 사이드 바이 사이드와 사이드 바이 사이드 하프의 3D 콘텐츠를 2D TV로 수신하면 수평 방향에 압축된 두 화면을 표시합니다. 이것을 좌우 한 쪽의 영상을 수평 방향에 확대해 2D 콘텐츠로 변환하는 등 호환성을 보유하기 위한 연구 및 배려가 조만간 검토될 것으로 기대됩니다.

셋톱박스

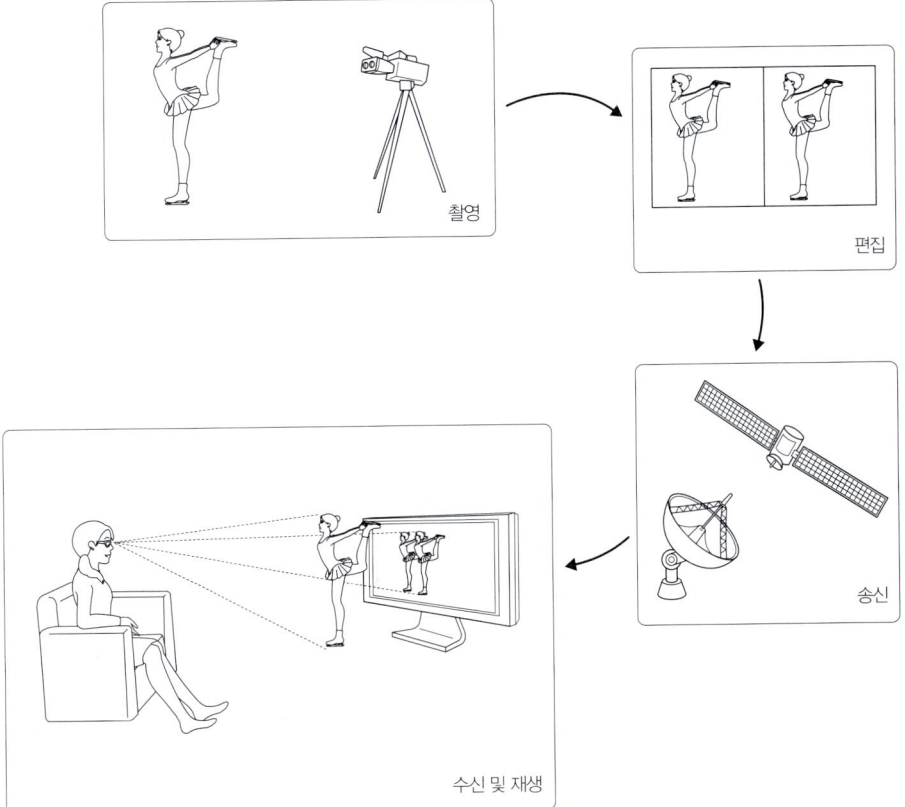

● [그림 7.9] 3D 콘텐츠의 촬영부터 방송까지의 흐름

우리나라에서는 방송통신위원회의 주관으로 KBS 및 MBC, SBS, EBS 등 방송 4사가 공동으로 참여하여 2010년 5월 19일부터 7월 12일까지 세계 최초로 지상파 3D TV 시범방송을 시행했습니다. 3D가 정규 방송 프로그램에 편성된 최초의 사례는 일본 BS방송주식회사(Nippon BS Broadcasting Corporation)의 'BS11 디지털' 채널에서 2007년 12월의 개국과 함께 3D 콘텐츠 방송을 시작한 것입니다. 'BS11 디지털' 채널에서는 개국 이래 매일 5~15분 정도의 간격으로 3D 콘텐츠를 방송하고 있습니다(2011년 현재). 그 외 일본에서는 3D TV의 시판 개시에 맞추어 스카파 JSAT주식회사가 CS 디지털방송을 하고 있고, 주식회사 쥬피터텔레콤(Jupiter Telecommunications Co., Ltd.)에서는 케이블 TV 방송 등에서도 3D 콘텐츠를 전송하고 있습니다.

영국의 위성방송 회사의 British SkyBroadcasting(BSkyB), 미국의 스포츠 전문 채널의 ESPN을 비롯해 각국에서 3D 콘텐츠 방송 개시를 보도하고 있습니다. 이후 3D 방송이 확산되면 새로운 방송 규격이 탄생할 수도 있습니다. 현재 미국 영화TV기술자협회(SMPTE ; Society of Motion Pictureand Television Engineers)와 미국 가전협회(CEA ; Consumer Electronics Association) 등 많은 단체에서 연구 그룹의 설치나 동향 조사 등 3D 방송을 위해 다양한 준비 활동을 하고 있습니다.

## 참고 URL

| | |
|---|---|
| Blu-ray Disc Association | http://www.Blu-raydisc.com |
| HDMI | http://www.hdmi.org |
| MPEG | http://mpeg.chiariglione.org |
| CIPA | http://www.cipa.jp |
| SMPTE | http://www.smpte.org |
| CEA | http://www.ce.org |

KEYWORD

용어모음

## 숫자, A~Z

| | |
|---|---|
| 2D/3D 변환(2D to 3D conversion) | 2D 영상에 인공적으로 양안 입체 정보를 부가하는 작업으로, 3D 영상으로 출력하는 기술입니다. |
| 3D 라이브 중계(live 3D broadcasting) | 3D 촬영 및 2D/3D 변환을 이용하는 3D 영상의 생중계입니다. |
| HD(High Definition) | 동영상 해상도 분류 방식 중 하나로, 수직 방향의 해상도를 기준으로 720픽셀 이상이 대상(고세밀도)입니다. |
| HDMI(High Definition Multimedia Interface) | 디지털 가전기기의 접속 케이블 및 커넥터(connector)의 형상으로, 신호 등의 포맷입니다. |
| MPEG-MVC(Multi-view Video Coding) | 입체 영상 부호화(coding)에 대한 새로운 규격으로, 이전의 MPEG-AVC를 확장하여 좌우 영상을 개별적으로 압축하는 것이 아니라 한쪽의 영상 정보를 기준으로 다른 쪽을 압축하는 방식입니다. |
| MPO(Multi-Picture Object) | 후지필름주식회사의 3D 디지털카메라에 이용한 포맷으로, 복수의 영상을 하나의 파일로 다룹니다. |
| NTSC(National Television System Committee) | 우리나라, 일본, 미국 등에서 사용하는 SDTV의 영상 신호로, 525개의 주사선을 이용해 1초 동안 30프레임을 표시합니다. |
| SD(Standard Definition) | 동영상 해상도 분류의 하나로, 수직 방향의 해상도를 기준으로 720픽셀 미만이 대상(표준화질)입니다. |
| .ssi(stereo still image) 포맷 | 3D 정지 영상의 전용 포맷으로, 카메라의 각도 및 기선장 등의 촬영 조건을 기록할 수 있습니다. |
| VFX(Visual eFfects) | 현실에서는 어려운 영상을 표현하기 위한 특수 촬영 기술입니다. |

# 가~다

| | |
|---|---|
| 가상 현실(VR ; Virtual Reality) | 현실 세계의 정보를 컴퓨터로 합성 및 제시하는 기술의 총칭입니다. |
| 각막(cornea) | 안구의 전면을 덮는 투명한 막입니다. |
| 감각 불일치(sensory conflict) | 감각기로 입력된 정보가 일상생활에서 얻을 수 있는 패턴과 모순됨에 따라 불쾌감 및 동요병 등이 발생한다는 설입니다. |
| 객관 평가법(objective evaluation) | 인간공학적 평가 방법의 하나로, 심리적인 반응에 직접 관계하는 생리적인 현상을 지표로 하는 평가입니다. |
| 갭 필링(gap filling) | 오프라인 2D/3D 변환에서 이용하는 수법으로, 로토스코프를 이용해 정보가 누락된 영역을 페인트나 다른 프레임의 정보 등을 이용해서 보완하는 작업입니다. |
| 공간 다중 방식(space-multiplexed) | 3D 디스플레이에서 좌우 영상을 하나의 화면에서 제시할 때 각 해상도를 반감시켜서 좌우 영상을 분리 및 제시하는 방식입니다. |
| 공기 투사(aerial perspective) | 단안 입체 정보의 하나. 먼 대상일수록 대기중의 광선이 난반사하며, 색상 및 밝기가 떨어져 보이는 현상으로, '대기 원근법' 이라고도 합니다. |
| 공중 촬영(aerial shot) | 공중에서의 촬영. 3D 영상에서는 피사체까지의 촬영거리가 매우 길어지므로 충분한 시차를 얻기가 어렵습니다. |
| 과잉 자극설(over stimulation theory) | 자동차, 배, 비행기 등 탈 것의 진동에 의한 가속도가 심하게 내이를 자극한 결과로, 동요병이 발생한다는 설입니다. |
| 광과민성 발작(PSS ; PhotoSensitive Seizures) | 빛의 자극으로 발생하는 이상 반응의 증상입니다. |

|  |  |
|---|---|
| 광축(optical axis) | 카메라의 방향으로, 3D 촬영에서는 광축의 방향에 의해 '교차법'과 '평행법'으로 나뉩니다. |
| 교차법(toed-in camera configuration) | 좌우 카메라의 광축을 교차시키는 3D 촬영법입니다. |
| 국제표준화기구(ISO ; International Organization for Standardization) | 공업 분야의 국제적인 표준 규격을 책정하는 조직입니다. |
| 국제 합의 문서(IWA ; International Workshop Agreement) | ISO가 발행하는 전문가나 지식인에 의한 워크숍에서의 합의 사항을 정리한 문서입니다. |
| 근점(near point) | 최대의 굴절력으로 명시할 수 있는 가장 가까운 점입니다. |
| 기선장(interaxial) | 일본 용어로, 좌우의 카메라 렌즈 중심의 간격입니다. '카메라 간격', '축간 거리', '축 간격' 또는 '스테레오 베이스(stereo base)'라고도 부릅니다. |
| 깊이 지각(depth perception) | 눈에 비치는 세계의 구조를 입체적으로 지각하는 것입니다. |
| 내이(inner ear) | 귀의 가장 안쪽에 있는 부분입니다. |
| 네거티브 시차(negative parallax) | 시차각이 마이너스가 되면 대상의 시차(視差)가 교차 방향을 가리킵니다. |
| 노안(presbyopia) | 나이가 들면서 수정체가 딱딱하게 축소되어 근시가 발생하는 현상입니다. |
| 다안식(multi-view) | 시점 수를 증가시킨 3D 디스플레이의 총칭입니다. |
| 단안 입체 정보(monoscopic depth cue) | 한쪽 눈으로 깊이감을 얻을 수 있는 단서로, 그림이나 영화 등에서 깊이감을 표현하는 수법으로 활용하고 있습니다. |
| 달리 촬영(dolly shot) | 카메라를 이동해서 피사체에 접근하거나 멀어지면서 촬영하는 방법입니다. |

| 뎁스 맵(depth map) | 깊이 정보를 농담(濃淡)으로 표시한 영상이며, '깊이 지도'라고도 부릅니다. 일반적으로 농담의 값은 상대적으로 표현하여 256계층의 그레이 스케일(grayscale)로 나타냅니다. |
|---|---|
| 뎁스 버젯(depth budget) | 이 책에서는 제시 조건에 따라 결정하는 입체 영상의 재생 가능 범위를 가리킵니다. 융합 범위나 쾌적 영역, 피사계 심도 등의 식견에 기초를 두어서 결정됩니다. |
| 뎁스 브래킷(depth bracket) | 이 책에서는 뎁스 버젯의 범위 안에서 작품이나 샷에서 사용하는 시차의 범위를 가리킵니다. 뎁스 브래킷은 작품 또는 샷마다 깊이감의 연출 의도에 따라 다른 값을 갖습니다. |
| 뎁스 스크립트(depth script) | 일종의 깊이감의 대본이므로, 이 책에서는 스토리의 전개에 따라서 결정하는 깊이감의 시계열적인 변화를 가리킵니다. |
| 뎁스 차트(depth chart) | 촬영 후 의도한 대로 시차가 포함했는지 확인할 목적 등에 이용하는데, 이 책에서는 깊이감의 시계열적인 변화를 정량적인 값으로 나타낸 것을 가리킵니다. |
| 독립TV위원회(ITC ; Independent Television Commission) | 영국의 민영 방송국 감독 기관입니다. |
| 돈더스의 선(Donders' line) | 폭주와 초점 조절이 일치하는지 나타내는 직선입니다. |
| 동공 간격(IPD ; Inter Pupil Disparity) | 두 눈의 간격으로, 깊이 지각에 영향을 주는 요소 중 하나입니다. 동공 간격에는 개인차가 있으며, 어른과 어린이가 다릅니다. |
| 동시시(simultaneous perception) | 양안시의 한 기능으로, 대상을 양안으로 동시에 보는 기능입니다. |
| 동요병(motion sickness) | 흔들림 및 회전 등을 경험했을 때 생기는 불쾌한 증세입니다. 구토, 안면 창백, 식은땀 등의 증상으로, '멀미'라고도 합니다. |

## 라~바

|  |  |
|---|---|
| 라인 바이 라인(line-by-line) | 3D 영상의 배치 형식의 하나로, 좌우 영상을 수평 또는 수직의 각 행마다 교대로 배치합니다. 원래의 영상과 해상도는 같지만, 수평 또는 수직 방향의 정보량은 반감됩니다. |
| 렌더링(rendering) | CG에서 영상을 출력하는 작업입니다. |
| 렌티큘러(lenticular) | 반원통형이 연속된 렌즈 시점의 위치에 따라 초점을 맞추는 위치가 벗어나는 것을 이용한 무안경식 3D 디스플레이입니다. |
| 로토스코프(rotoscope) | 2D 영상의 일부를 오려내는 작업으로, 오프라인 2D/3D 변환에 이용할 수 있습니다. |
| 마이크로 입체시(microstereopsis) | 3D 콘텐츠에 포함된 양안시차가 매우 적어도 충분한 깊이감을 얻을 수 있는 개념입니다. |
| 망막경합(binocular rivalry) | 좌우 눈의 망막상이 극단적으로 다르면 하나의 대상으로 양안시가 곤란해져서 각각을 교대로 지각하는 상태입니다. |
| 망막상(retinal image) | 안구의 광학계에 의해 망막에 투사되는 상(像)입니다. |
| 매크로 촬영(macro shot) | 피사체를 가까운 거리에서 기록하는 것입니다. |
| 명멸(flicker) | 빛의 점멸이나 빛의 점멸에 의해 느끼는 깜박거림입니다. |
| 명시(clear vision) | 선명하게 보이는 것입니다. |
| 모델링(modeling) | CG로 물체의 3차원 형상을 작성하는 작업으로, 오프라인 2D/3D 변환에서도 이용할 수 있습니다. |

| 모양소대(zonula ciliaris) | 수정체의 주위의 섬유 상태 조직. 모양체근(ciliaris muscle)이 긴장하면 모양소대가 이완하여 수정체가 두꺼워집니다. |
|---|---|
| 모양체근(ciliaris muscle) | 모양소대(毛樣小帶) 주위의 윤상근(輪狀筋). 모양체근이 긴장하면 모양소대가 이완하여 느슨해지고 수정체가 두꺼워집니다. |
| 무안경식(glasses-free) | 스코프 또는 안경 등을 장착하지 않고 관찰하는 3D 디스플레이의 총칭입니다. |
| 미립자(particle) | 비나 눈, 연기 등의 입자입니다. |
| 발산(divergence) | 입체 영상을 상영할 때 가장 먼 곳에서 재생하는 좌우 영상의 차이가 동공 간격을 넘어서는 것입니다. |
| 복시(diplopia) | 하나의 대상이 이중으로 보이는 것으로, 양안 시차가 과도할 때 발생합니다. |
| 블록버스터(blockbuster) | 제작 비용 1억 달러 이상으로, 대규모 광고를 동반하는 영화입니다. |
| 빔 스플리터 리그(beam-splitter rig) | 하프 미러 또는 프리즘을 사용한 스테레오 리그. 카메라 본체의 크기가 커도 기선장을 0에 가깝게 또는 짧게 할 수 있습니다. |

# 사

| 사시(strabismus) | 안위(眼位)가 크게 차이나는 상태입니다. |
|---|---|
| 사용자 경험(UX ; User eXperience) | 제품을 사용할 때 전반적인 사용자 체험을 가리킵니다. |
| 사위(heterophoria) | 안위의 차이가 융합에 따라서 잠복한 상태입니다. |

| | |
|---|---|
| 사이드 바이 사이드(side-by-side) | 3D 영상의 배치 형식의 하나로, 좌우 영상을 그대로 수평으로 배치하여 하나의 3D 영상으로 기록합니다. |
| 사이드 바이 사이드 리그(side-by-side rig) | 두 대의 카메라를 수평으로 설치할 수 있는 스테레오 리그입니다. 좌우 카메라의 상태를 직관적으로 파악할 수 있지만, 카메라 본체의 크기에 따라 최단의 기선장이 매우 길어집니다. |
| 사이드 바이 사이드 하프(side-by-side half) | 3D 영상의 배치 형식의 하나로, 좌우 영상을 수평으로 배치하여 하나의 3D 영상으로 기록하지만, 수평 해상도를 절반으로 압축합니다. |
| 상대적 밀도(relative density) | 단안 입체 정보의 하나로, 망막에 비친 대상의 밀도가 높을수록 멀다고 판단하는 것입니다. |
| 상대적 크기(relative size) | 단안 입체 정보의 하나로, 같은 크기의 대상이 여러 개 있을 때 망막상(網膜像)의 작은 쪽이 멀다고 판단하는 것입니다. |
| 상대 초점 조절(relative accommodation) | 폭주를 일정하게 유지하여 명료한 양안시를 얻을 수 있는 초점 조절 범위입니다. |
| 상대 폭주(relative convergence) | 초점을 일정하게 조절하여 명료한 양안시를 얻을 수 있는 폭주의 범위입니다. |
| 상반 관계(trade-off) | 서로 장점과 단점이 있으므로 한쪽을 추구하면 다른 한쪽을 잃는다는 관계로, 두 개의 변수가 반대 방향으로 움직이기 때문에 양립할 수 없습니다. |
| 선 투시(linear perspective) | 단안 입체 정보의 하나로, 평행한 선의 간격이 좁아질수록 멀다고 판단하는 것입니다. |
| 색 보정(color correction) | 이 책에서는 좌우 영상의 색조나 밝기를 일치시키는 작업으로 정의합니다. |

|  |  |
|---|---|
| 세그먼테이션(segmentation) | 2D/3D 변환에서 2D 영상을 의미 있는 집합으로 분할하는 작업으로, 주로 윤곽 추출 및 패턴 인식, 움직임 해석 등의 화상 처리를 복합적으로 사용합니다. |
| 셋톱박스(STB ; Set Top Box) | 영상 신호를 수신하는 기기의 일종으로, 수신한 신호를 복호화(decoding)합니다. |
| 수정체(lens) | 망막에 대상의 상을 형성하기 위한 렌즈로, 그 형상을 변화시켜서 초점을 조절합니다. |
| 스케러블 변환(scalable conversion) | 이 책에서는 같은 3D 콘텐츠를 다른 조건에서 제시할 때도 적정한 입체감이 되도록 의도한 처리를 의미합니다. |
| 스코프식(3D scope) | '들여다보는' 또는 '머리에 장착하는' 디스플레이의 총칭입니다. |
| 스테레오그램(stereogram) | 양안시차가 포함된 도형 및 영상입니다. |
| 스테레오 리그(stereo rig) | 3D 촬영에서 좌우 카메라를 설치하여 다양하게 조정하기 위한 특수 장비입니다. |
| 스테레오 사진(stereo photography) | 양안시차가 포함된 좌우 한 쌍의 사진입니다. |
| 스테레오스코프(stereoscope) | 스코프식 3D 디스플레이 중에서 '들여다보는' 방식의 총칭입니다. |
| 시각계(visual system) | 빛으로 입력되는 정보를 단서로 눈에 비치는 세계의 형태를 추정하는 신경계의 총칭입니다. |
| 시각 유도성 자기 운동 감각(vection) | 신체가 정지된 상태에서 경치가 움직일 때 마치 신체가 움직이는 것처럼 착각하는 것입니다. |
| 시각 피로(visual fatigue) | 계속된 시각 작업으로 발생한 피로의 증상으로, 일정한 휴식을 취하면서 회복합니다. |
| 시거리(viewing distance) | 디스플레이부터 관찰 위치까지의 거리입니다. |

| | |
|---|---|
| 시야 안의 높이(height in visual field) | 단안 입체 정보의 하나로, 시야의 위치가 상대적으로 높은 대상일수록 멀리 있다고 느낍니다. |
| 시차각(parallax angle) | 3D 영상을 관측할 때의 폭주와 초점 조절의 불일치 정도를 나타내는 지표의 하나입니다. |

## 아

| | |
|---|---|
| 아티팩트(artifact) | 영어로 원래의 의미는 '인공물' 등이지만, 이 책에서는 촬영 및 제시 조건 등에서 발생하는 3D 영상의 특유한 현상을 의미합니다. |
| 안경식(glasses) | 안경을 이용하는 3D 디스플레이의 총칭입니다. |
| 안구 운동(eye movement) | 안구 운동의 총칭으로, 폭주도 해당됩니다. |
| 안정 피로(asthenopia) | 계속된 시각 작업으로 피로하거나 눈의 침침함, 통증, 압박감, 복시, 두통, 어깨결림, 때로는 불쾌해지거나 구토를 가져오는 상태입니다. |
| 양안시(binocular vision) | 대상을 두 눈으로 보는 기능으로, '동시시(同時視)', '융합(融像)', '입체시(立體視)'의 세 가지로 분류됩니다. |
| 양안시차(binocular disparity) | 양안시차를 이용한 입체 영상의 총칭으로, 이 책에는 '3D'로 약칭하고 있습니다. |
| 양안 입체 정보(stereoscopic depth cue) | 두 눈을 볼 때 처음으로 깊이 지각이 가능해지는 단서입니다. |
| 역입체(pseudo stereoscopic) | 3D 영상을 재생할 때의 오류로 좌우 영상이 반대로 제시되는 것으로, '좌우 반전'이라고도 합니다. |

| 애너그리프(anaglyph) | 일반적으로 '적청 안경 방식'이라고 부르는 3D 디스플레이의 한 방식. 좌우 영상이 보색 관계가 되도록 합성하며, 공통의 투과 파장 영역이 없는 색 필터 안경을 이용해 관찰합니다. |
|---|---|
| 영상 멀미(visually induced motion sickness) | 흔들림 및 회전이 심한 영상을 관찰할 때 발생하는 현기증 및 구역질 등의 불쾌한 증상을 말합니다. 멀미와 같이 동요병의 일종으로 분류하지만, 시각 자극만으로 발생하는 것이 특징입니다. |
| 오프라인(offline) | 이 책에서는 수작업에 의한 2D/3D 변환 수법을 말합니다. |
| 온라인(online) | 이 책에서는 자동 2D/3D 변환 수법을 말합니다. |
| 옵티컬 플로(optical flow) | 물체의 움직임을 벡터에 의해 시각적으로 표현한 것입니다. |
| 운동 시차(motion parallax) | 단안 입체 정보의 하나로, 시점의 이동에 따르는 대상 간의 상대적인 움직임을 말합니다. |
| 운동 투시(motion perspective) | 단안 입체 정보의 하나이며 시점 위치의 변화로, 시야의 전체 대상에 거리에 응한 움직임이 생기는 것을 말합니다. |
| 융합(sensory fusion) | 양안시의 한 기능입니다. 두 눈의 망막상(網膜像)을 감각적으로 하나의 대상으로 인지하는 기능으로, '융상(融像)'이라고 합니다. |
| 원점(far point) | 명시할 수 있는 가장 먼 점입니다. |
| 은폐(occlusion) | 단안 입체 정보의 하나로, 어떤 시점에서 전방의 대상이 배후 일부를 감추는 상태인데, '가림', '차폐'라고도 합니다. |
| 음영(shade and shadow) | 단안 입체 정보의 하나입니다. |

| 인간공학(ergonomics) | 사람의 안전, 안심, 쾌적, 건강을 지지하는 학술 체계로, 미국식 영어로 'Human Factors'로 표기합니다. |
|---|---|
| 인간공학적 평가(ergonomic evaluation) | 이 책에서는 사용자의 시점에서 과학적인 수법을 이용해 콘텐츠의 안전성 및 쾌적성을 평가하는 것입니다. |
| 인터레이스(interlace) | 1프레임의 수평 방향의 라인을 홀수 라인과 짝수 라인 영상으로 나누고, 이것을 교대로 제시하여 1프레임으로 표시하는 방식입니다. |
| 인피텍(infitec) | 파장 다중 방식의 일종으로, bandpass filter를 사용합니다. 돌비 3D 방식으로 영화관에서 사용합니다. |
| 인형극장 효과(puppet theater effect) | 재생하는 입체 영상이 실물보다 작고 미니어처처럼 느껴지는 현상입니다. |
| 일대 비교법(paired comparison) | 평가 대상을 둘씩 조합시켜서 비교 및 판단하는 주관 평가법의 총칭입니다. |
| 입체시(stereoscopic vision) | 양안시의 한 기능으로, 두 눈의 망막상의 차이로 깊이감을 얻습니다. |
| 입체 정보(depth cue) | 외부 세상의 구조를 입체적으로 지각하기 위한 단서입니다. |

## 자~카

| 전단 왜곡(shear distortion) | 3D 영상을 화면의 중앙에서 벗어난 곳에서 관측했을 때 재생하는 입체 영상이 왜곡되어 보이는 현상입니다. |
|---|---|
| 전정 감각(vestibular sensation) | 내이(內耳)의 전정(前庭)에서 수용하는 감각으로, 신체의 경사나 움직임의 방향을 느낍니다. |

| 조정(alignment) | 촬영 전에 좌우 카메라의 제반 조건을 맞추는 작업입니다. |
|---|---|
| 주관 평가법(subjective evaluation) | 인간공학적 평가 방법의 하나로, 심리적인 반응에 근거하여 평가하는 방법의 총칭입니다. |
| 주시점(point of gaze fixation) | 주의 깊게 보고 있는 점입니다. |
| 줌 촬영(zoom shot) | 화각을 변화시켜서 촬영하는 것입니다. |
| 중심와(fovea) | 망막의 가장 해상도가 높은 영역입니다. |
| 중앙치(median) | 데이터의 중앙에 있는 값입니다. |
| 증강 현실(augmented reality) | 실제 환경에 정보를 부가하여 제시하는 시스템을 말합니다. |
| 질문지법(questionnaire method) | 자각적인 호소를 파악하기 위해서 이용할 수 있는 평가 방법으로, 복수의 질문 항목에 대해 단계적인 평정(評定)을 구합니다. |
| 체커보드(checkerboard) | 3D 영상의 배치 형식의 하나로, 좌우 영상을 1화소마다 수직 및 수평 양방향에 교대로 배치합니다. |
| 초점 조절(accommodation) | 수정체의 형상을 변화시키고 망막의 대상이 선명한 상을 형성하는 기능입니다. |
| 최빈치(mode) | 가장 많이 관측되는 데이터의 값입니다. |
| 카드보드 효과(cardboard effect) | 피사체 간의 전후 관계를 비교해서 피사체 자체가 얇으며, 판처럼 느껴지는 현상입니다. |
| 컨버전스 포인트(convergence point) | 카메라 광축의 교점으로 컨버전스 포인트에서는 차이가 0이 되므로 이 위치에 있는 피사체를 화면에서 2D 영상으로 재생합니다. |

| | |
|---|---|
| 컬러 코드 3D(color code 3D) | 3D 파장 다중 방식의 하나로, 호박색과 짙은 청색(amber/blue)을 이용하는 방식으로, 애너그리프보다 색을 개선하여 재현한 방식입니다. |
| 퀸컹크스(quincunx) | 3D 영상의 배치 형식의 하나로, 좌우 영상을 1 화소마다 수직 및 수평 양 방향에 교대로 배치하는 방식입니다. |
| 크로스토크(cross talk) | 이 책에서는 3D 디스플레이의 좌우 영상이 분할되지 않고 양안에 제시되는 상태로 정의합니다. |
| 키스톤 왜곡(keystone distortion) | 제시된 영상의 주변부가 두드러지게 넓어져서 사다리꼴이 되는 현상으로, 3D 영상의 교차법에서 특히 발생하는 아티팩트입니다. |

## 타~하

| | |
|---|---|
| 텍스처 매핑(texture mapping) | CG에서 폴리곤으로 구성된 면에 영상을 붙이는 작업입니다. |
| 톱 앤드 보텀(top-and-bottom) | 3D 영상의 배치 형식의 하나로, 좌우 영상을 수직으로 배치하여 하나의 3D 영상으로 기록합니다. |
| 톱 앤드 보텀 하프(top-and-bottom half) | 3D 영상의 배치 형식의 하나로, 좌우 영상을 수직으로 배치하고, 하나의 3D 영상으로 기록합니다. 이때 수직 해상도를 절반으로 압축합니다. |
| 투시형(see-through) | 현실의 시야를 차단하지 않으며, 영상을 겹쳐서 표시하는 HMD의 방식입니다. |
| 파눔의 융합 영역(Panum's fusional area) | 호롭터의 전후에 있는 양안시차가 있어도 융합할 수 있는 범위입니다. |

|  |  |
|---|---|
| 파장 다중 방식(wavelength-multiplexed) | 빛의 파장을 이용해 좌우 눈에 분할하는 방식의 총칭으로, 애너그리프, Color Code 3D, 인피텍 등이 있습니다. |
| 퍼시발의 쾌적 영역(Percival's zone of comfort) | 돈더스의 선을 기준으로 한 3D 영상의 안전성 기준의 하나입니다. |
| 편광 다중 방식(polarization-multiplexed) | 편광 필터를 이용한 3D 디스플레이입니다. |
| 평형 감각(sense of equilibrium) | 신체의 경사나 가속도 등에 대한 지각입니다. |
| 평행법(parallel camera configuration) | 좌우 카메라의 광축을 평행하게 유지하는 3D 촬영법입니다. 평행법에서 촬영한 영상은 촬영할 때 미리 촬상 소자를 조절할 것인지 살펴보고 편집할 때 좌우 영상을 조절해야 합니다. |
| 패럴랙스 배리어(parallax barrier) | 무안경식 3D 디스플레이의 하나입니다. 실제로는 수직 방향의 세세한 슬릿(slit) 집합을 수평 방향으로 배치하여 오른쪽 눈에서는 왼쪽 영상을, 왼쪽 눈에서는 오른쪽 영상을 각각 차단하여 좌우 영상을 분할 제시합니다. |
| 팬토그램(phantogram) | 수평으로 설치된 화면에서 입체 영상이 일어서는 것처럼 보이는 표현 방법의 하나입니다. |
| 포지티브 시차(positive parallax) | 시차각이 정(正)의 값이 될 때 대상의 시차가 동측 방향을 가리킵니다. |
| 폭주(convergence) | 안구 운동의 일종으로, 대상에 시선을 교차시키는 두 눈의 움직임입니다. 수렴, 주시, 컨버전스 등을 사용하기도 합니다. |
| 표준 TV (SDTV ; Standard Definition TeleVision) | SD 화질의 TV 또는 방송입니다. |
| 표준화(standardization) | 콘텐츠의 유통 및 호환성을 저해하지 않기 위해 공통의 포맷을 정의하는 작업입니다. |
| 프레임레이트(frame rate) | 동영상에서 1초 동안 묘사하는 프레임의 수입니다. |

|  |  |
|---|---|
| 프레임 바이얼레이션(frame violation) | 3D 촬영에서 화면 가장자리의 피사체가 한쪽의 영상만 기록된 상태입니다. |
| 프레임 시퀀셜(frame-sequential) | • 시간 다중 방식의 하나로, 프레임 단위로 좌우 영상을 분할합니다.<br>• 3D 영상의 배치 형식의 하나로, 좌우 영상을 1프레임마다 시간축 방향으로 교대로 배치합니다. 시간 해상도는 반감되지만, 공간 해상도의 열화가 없는 것이 특징입니다. |
| 프로그레시브(progressive) | 한 화면의 정보를 한 번에 제시하는 방식입니다. |
| 플로팅 윈도우(floating window) | 프레임 바이얼레이션을 해결하는 방법의 하나로, 한쪽의 영상에 기록되지 않는 영역을 마스킹하는 것입니다. 교차 방향에 제시되는 영상보다 영상의 테두리를 앞으로 나오게 표현합니다. |
| 피사계 심도(depth of field) | 초점이 맞는 깊이의 범위로, 피사계 심도를 벗어난 대상은 초점이 흐려져서 촬영됩니다. |
| 필드 시퀀셜(field sequential) | 시간 다중 방식의 하나로, 필드 단위로 좌우 영상을 분할합니다. |
| 하로 마스크 착시(hollow mask illusion) | 얼굴 모양의 가면을 뒷면에서 보아도 앞면으로 보인다는 착각의 일종입니다. |
| 하이퍼 스테레오(hyperstereo) | 기선장이 평균 동공 간격보다 긴 조건에서의 3D 촬영. 피사체까지의 거리에 따라 기선장을 길게 해서 평소에 깊이가 느껴지지 않는 먼 곳의 대상을 입체적으로 표현할 수 있습니다. |
| 하이포 스테레오(hypostereo) | 기선장이 평균 동공 간격보다 짧은 조건에서의 3D 촬영. 육안에서는 입체시할 수 없는 미세한 3차원 구조를 표현할 때 이용합니다. |
| 하프 미러(half-silvered mirror) | 일정 투과율을 가진 거울로, '반투명 거울', '반도금 거울' 이라고도 합니다. |

| | |
|---|---|
| **헐레이션(halation)** | 카메라 렌즈에 강한 광원으로 생기는 빛의 번짐 현상입니다. |
| **헤드 마운트 디스플레이** <br> (HMD ; Head-Mounted Display) | 스코프식의 3D 디스플레이 중에서 '머리에 장착하는' 방식입니다. |
| **헤드 트래킹(head tracking)** | 머리의 움직임에 따라 위치와 방향을 검출하는 구조입니다. |
| **호롭터(horopter)** | 주시점과 두 눈을 연결하는 원주의 궤적으로, 이 궤적에 있는 임의 대상은 동시에 융합할 수 있습니다. |

EPILOGUE 마치면서

이 책을 집필하면서 현재 3D라는 영상 미디어가 큰 변화의 시기를 맞이하고 있다는 것이 가장 인상깊었습니다. 집필 도중에도 3D에 대한 보도가 계속 발표되면서 사회적인 관심을 끌고 있습니다. 이에 따라 이 책이 당분간 낡은 이론 및 오래된 정보로 구성되지 않도록 필자들끼리 거듭 논의했습니다.

시각계의 입체 정보라는 관점에서 이 책의 내용이 크게 변화하는 것은 없고, 3D 디스플레이의 관점에서 보면 영화에서도 당분간 복수의 방식이 혼재될 것으로 예측됩니다. 이것은 방식 사이에서 서로의 장·단점이 상반 관계(trade-off)가 되기 때문입니다. 한편 TV에서는 화질 및 다수의 관찰이라는 조건을 충족하기 위해 안경식이 필요하다고 생각합니다. 하지만 일상생활과는 다른 공간으로서의 영화관과 생활에 밀착한 TV에서 안경의 존재가 미치는 영향은 서로 다릅니다. 이런 의미에서 가정의 거실에서 안경을 사용하는 것에 대한 옳고 그름을 논의할 필요가 있습니다.

3D 콘텐츠의 제작 방법에 대해 이 책에서는 '촬영', '2D/3D 변환', '보정'으로 분류하지만, 실제의 제작 프로세스에서는 이 과정이 통합되어 간다고 생각합니다. 즉 먼저 입체감을 설계하고, 촬영 및 2D/3D 변환 및 CG에 의한 3D 영상 소재를 함께 준비해서 이것들의 평가 및 보정을 하며, 작품으로서 완성하는 과정이 일반화될 것입니다.

3D의 안전성 관점에서 이 책을 집필하는 도중에 일본 독립 행정법인 국민 생활센터에서 '입체 영화에 의한 신체 피로'라는 보도가 발표되었습니다. 이 중에서 구체적인 상담 사례와 함께 소비자의 조언과 사업자의 요구 사항이 기재되어 있습니다. 제5장에서 설명한 것처럼 3D가 미치는 생체 영향

은 아직 밝혀지지 않는 부분이 많습니다. 하지만 사업자부터 소비자에 이르는 넓은 범위에서 3D를 활용할 수 있는 일정한 지식이 요구되고 있으므로 이 책이 이러한 요구에 대해 조금이라도 공헌할 수 있으면 다행입니다.

마지막으로 이 책을 집필할 수 있는 기회를 주시고 난항하는 집필 과정에 참을성 있게 도움을 주신 주식회사 옴 개발부의 여러분에게 마음 속 깊이 감사드립니다. 또한 단기간에 레이아웃 및 일러스트를 작성해 주신 주식회사 탑 스튜디오에게도 감사드립니다.

필자 일동

### 참고 문헌

일본 독립 행정법인 국민생활센터 : 입체 영화에 의한 신체 피로, 2010년 8월 4일(보도 발표 자료)

## INTRODUCTION 저자 소개

**카와이 다카시**
**(Takashi Kawai)**
와세다대학교 이공학술원대학원
국제정보통신 연구과(기간이공학부
표현공학과 및 교수 박사(인간과학)

1998년 와세다대학교 대학원 인간과학 연구과 박사 과정 수료 후 동 대학 인간과학부 조수, 동 대학국제정보통신 연구센터 전임 강사 등을 거쳐 2008년부터 현직에 종사하다가 현재에 이르렀습니다. 인간공학을 전문으로, 영상 미디어의 생체 영향, 특히 3D, VR, 유비쿼터스 ICT 등의 평가 및 응용, 콘텐츠 제작의 연구에 종사. 인간과학의 시점에서 차세대 미디어의 발전 및 보급에 힘쓰고 있습니다.

**모리카와 히로유키**
**(Hiroyuki Morikawa)**
와세다대학교 이공학술원
기간이공학부 표현공학과 및
조교 박사(국제정보통신학)

2003년 와세다대학교 대학원 국제정보통신 연구과 석사 과정 수료 후 동 대학 국제정보통신 연구센터 조수를 거쳐 2007년부터 현직에 종사하다가 현재에 이르렀습니다. 감각 간의 통합 과정에서 발생하는 착각을 이용한 차세대의 미디어 표현, 콘텐츠의 제작 및 응용 및 평가의 연구에 종사하고 있습니다.

왼쪽부터 오타 게이지, 모리카와 히로유키, 아베 노부아키, 카와이 다카시

2006년 와세다대학교 대학원 국제정보통신 연구과 박사 과정 수료 후 2008년 주식회사 Quality eXperience Design(QXD)을 설립, 2009년부터 현직에 종사하다가 현재에 이르렀습니다. 3D를 중심으로 한 차세대 미디어의 컨설팅, 콘텐츠 제작, 프로듀스 업무에 종사하고 있습니다.

**오타 게이지(Keiji Ohta)**
주식회사 Quality eXperience Design(QXD) 및 대표이사

와세다대학교 이공학술원 국제정보통신 연구센터 및 객원 연구원 박사(국제정보통신학)

2006년 와세다대학교 대학원 국제정보통신 연구과 석사 과정을 수료 후 2008년 QXD의 설립에 참가, 2009년에 동 연구과 박사 과정 수료 후 현직에 종사하다가 현재에 이르렀습니다. 문화 유산의 아카이브와 3D 표현의 연구에 종사하고, QXD에서는 주로 2D/3D 변환을 이용한 콘텐츠 제작을 총괄하고 있습니다.

**아베 노부아키 (Nobuaki Abe)**
주식회사 Quality eXperience Design(QXD) 및 이사

와세다대학교 이공학술원 국제정보통신 연구센터 및 객원 연구원

저자소개

## " '3D 입체 영상 표현의 기초' 한국어판에 맞춰 "

이번에 이 책을 한국 독자들에게 전달할 수 있다는 것은 저를 포함한 모든 저자들에게 매우 큰 영광이면서 기쁜 소식입니다. 한국과 일본은 모두 높은 수준의 정보 디스플레이 기술을 보유하고 있으며, 애니메이션 및 디지털 게임 등의 콘텐츠 산업을 적극적으로 육성하고 있다는 점에서 3D에 관한 공통된 배경을 가지고 있습니다.

저자 등은 이전부터 3D 분야에서 우리나라와 일본의 제휴를 중요하게 여겨 Korea-Japan 3D Fair(2008년부터 International 3D Fair)를 시작으로 여러 가지 공동 대처를 실시했습니다. 예를 들어 2006년 11월에 도쿄·아키하바라에서 개최한 Korea-Japan 3D Fair에서 현재와 이후의 당면 과제를 모아 '아키하바라 3D 선언'을 발표했습니다. 다음은 그 내용으로, 현재에도 많은 부분에서 유효합니다.

### 아키하바라 3D 선언

입체 표현(3D)을 이용한 새로운 산업과 문화를 창출하여 인류에 감동을 전하는 동시에 사회 발전에 기여하는 것을 목적으로 우리들은 아래와 같이 선언한다.

**01. 콘텐츠의 주도**

'콘텐츠 중심의 3D'라는 콘셉트를 추진한다.

**02. 안전성의 존중**

3D의 안전성을 존중하는 것과 함께 3D의 장점인 풍부한 원근감을 해치지 않도록 쾌적성을 추구한다.

## 03. 유효성의 이해와 적용

3D의 효과를 정확히 이해하고 그것을 최적의 장면에 적용하여 긍정적인 실증 결과를 축적 및 공개한다.

## 04. 인재 육성

3D를 이끌어갈 차세대 크리에이터와 기술자, 연구자를 육성하여 새로운 표현과 응용을 할 수 있도록 폭넓은 기회를 제공한다.

## 05. 국제 협력

지적 재산의 공유와 이전 등 다양한 협력을 촉진하기 위해 한국과 일본을 시작으로 하여 아시아, 나아가서 세계 규모의 네트워크를 만든다.

이것을 실현하여 건전한 형태로 3D를 보급하려면 시각계 및 디스플레이의 구조부터 생체 영향까지 광범위한 기초 지식을 공유하는 '교육'이 중요한데, 이것이 바로 이 책을 집필하게 된 이유입니다. 그리고 이 책의 번역은 저희 연구실에서 오랜 기간 3D 콘텐츠 제작과 인간공학 연구에 종사하고 있는 김상현 씨가 담당해 주셨습니다. 이에 감사를 드리며 이 책이 향후 한일 양국의 3D 분야에 조금이라도 공헌할 수 있기를 바랍니다.

*카와이 다카시*

## 3D 입체 영상 표현의 기초

2011년 2월 25일 1판 1쇄 인쇄
2011년 3월  4일 1판 1쇄 발행

저 자 | 카와이 다카시, 모리카와 히로유키, 오타 게이지, 아베 노부아키
옮긴이 | 김상현
펴낸이 | 이종춘
펴낸곳 | BM 성안당
주 소 | 경기도 파주시 교하읍 문발리 출판문화정보산업단지 536-3
전 화 | 031-955-0511
팩 스 | 031-955-0510
등 록 | 1973. 2. 1. 제 13-12호
수신자부담서비스 | 080-544-0511
홈페이지 | www.cyber.co.kr
도서내용문의 | kim@akane.waseda.jp

ISBN | 978-89-315-5110-5
정가 | 15,000원

이 책을 만든 사람들
**기획·진행** | 최동진  **교정·교열** | 보물섬  **편집** | cooms.net 북누리  **홍보** | 박재언  **제작** | 구본철

이 책에서 사용된 모든 프로그램과 상표는 각 회사에 그 권리가 있습니다.

------------------------------------------------------------

이 책의 어느 부분도 저작권자나 BM 성안당 발행인의 승인 문서 없이 일부 또는 전부를 사진 복사나 디스크 복사 및 기타 정보 재생 시스템을 비롯하여 현재 알려지거나 향후 발명될 어떤 전기적, 기계적 또는 다른 수단을 통해 복사, 재생하거나 이용할 수 없음.

※ 잘못된 책은 바꾸어 드립니다.